»Erlebnispark Bundesliga – der reine Wahnsinn!« (Reinhold Beckmann)

»Ich finde es großartig, dass sich die Frauen immer mehr vermehren in der Bundesliga.« (Franz Beckenbauer)

»Einen Bundesliga-Verein aufzubauen, dauert sehr lange. Ihn zu ruinieren, geht von heute auf morgen.« (Reinhard Rauball)

»Das ist das Schlimme an den Bundesligaklubs: dass sie alle gewinnen wollen.« (Pál Csernai)

»Reißt die Mauer nieder – Dresden in die Bundesliga!«
(Schlachtruf der Dynamo-Fans im Herbst 1989)

Ben Redelings

Best of Bundesliga

Die lustigsten Legenden des deutschen Fußballs

Bildnachweis

Firo sportphoto: 15, 17, 213 (oben)

Imago: Cover (Thomas Müller), 4, 8, 10, 12 (unten), 20, 23, 29, 31, 34 (unten), 36, 37, 39, 47, 49, 50, 52 (oben), 44 (oben), 75 (oben), 79, 81 (unten), 84 (unten), 85 (2), 87, 89, 90 (unten), 102 (oben), 104 (links), 107, 109 (unten), 111, 131, 133, 135, 137, 141, 143, 147, 154, 157, 161, 163 (oben), 165 (unten), 168, 169, 171 (oben), 175, 180, 183, 185, 187, 188 (unten), 191, 192 (unten), 193, 195 (rechts), 197, 201, 203, 206 (unten), 208, 211, 224 (unten), 226, 238, 255, 259, 261 (oben), 263, 270, 271 (unten), 272 (oben), 274 (unten), 275 (oben), 284, 285 (unten), 286 (links), 291 (oben), 292, 293 (oben), 300 (unten), 301, 306, 308 (2), 313 (oben), 316 (unten), 321, 339, 348 (unten)

Horstmüller: 6 (unten), 7 (unten), 14, 27 (unten), 52 (unten), 53, 61, 62 (oben), 82 (unten rechts), 97, 100, 105, 117, 118 (unten), 121 (oben rechts), 128 (oben), 146, 150, 151 (unten), 153 (oben), 159, 167, 171 (unten), 174, 198, 199, 205 (oben), 213 (unten), 216 (unten), 217 (unten), 222 (unten), 223 (oben), 233, 235, 248 (2), 253 (unten), 256 (unten), 257 (2), 266 (unten), 267 (unten), 268, 289 (oben), 290, 299, 312, 314 (unten), 326, 327, 330 (oben), 331 (oben), 334 (oben), 347 (rechts)

Bernd Kreienbaum: 152 (unten)

Moenkebild: 148 (oben)

Paulaner: 273 (oben)

picture alliance: 265, 283 (unten), 307 (unten), 328

Ralf Piorr: 230

Fritz Rust: 25 (unten), 44 (oben), 295

Gerrit Starczewski: 215 (unten)

Witters: 57 (unten), 93, 112, 315, 344, 349

Oliver Wurm: 275 (unten)

Nicht in allen Fällen konnte die Urheberschaft an den Fotos ermittelt werden.
Der Verlag bittet um entsprechende Hinweise, um berechtigte Ansprüche abzugelten.

Bibliografische Information der Deutschen Nationalbibliothek:
Die Deutsche Nationalbibliothek verzeichnet diese Publikation in der
Deutschen Nationalbibliografie; detaillierte bibliografische
Daten sind im Internet über http://dnb.d-nb.de abrufbar.

Lotzestraße 22a, D-37083 Göttingen
www.werkstatt-verlag.de

Satz und Gestaltung: Die Werkstatt Medien-Produktion GmbH
Druck und Bindung: Grafisches Centrum Cuno GmbH & Co. KG

ISBN 978-3-7307-0474-5

Ben Redelings

Best of Bundesliga

Die lustigsten Legenden des deutschen Fußballs

adidas
adidas
adidas

A.

Starschnitt

Rüdiger Abramczik

»Was heißt brutto oder netto? Bar auf die Hand will ich's!«

Max Merkel: »Unser Abramczik wird in seinem Leben nie Kopfweh bekommen, weil er seinen Kopf nie zum Denken benutzen wird. Wenn ein Mittelstürmer dauernd im Abseits steht, so kann ich das verstehen. Schließlich muss der nach zwei Seiten beobachten, und das ist manchmal zu viel verlangt. Ein Rechtsaußen aber muss nur nach einer Seite schauen. Doch noch nicht einmal das schafft dieser Junge. Eher werde ich ein Sänger an der Metropolitan Opera als der Abramczik ein großer Fußballer bei Schalke!«

Als ihr langjähriges Idol, der ruhmreiche »Flankengott«, Rüdiger »Abi« Abramczik, 1980 die Königsblauen ein paar Meter weiter östlich mit den schwarz-gelben Zecken betrügt, singen die Fans süffisant: »... wir kommen alle, alle, alle in den Himmel, weil wir so brav sind, weil wir so brav sind, das sieht auch der Abi ein, das alte Borussenschwein ... wir kommen alle, alle, alle in den Himmel ...«

Rüdiger Abramczik: »Als ich meinen ersten Vertrag auf Schalke unterschrieben hatte, bin ich mit Günter Siebert, unserem Präsidenten, zu Opel Doerpinghaus, und da wollte er mir natürlich so einen Kleinen andrehen und meinte immer: ›Ja, **nimm doch den oder den da.‹** Aber da hab ich diesen Manta gesehen, 19SR oder wie auch immer, und das war ein toller Wagen. Leider hatte der keine blaue Farbe, der war orangefarben, und da sagte der Siebert immer: **›Nein, Mensch, nimm doch 'nen anderen, nimm den blauen hier.‹** Aber da habe ich gesagt: **›Nee, nee, Oskar, auf keinen Fall, ich nehm den hier.‹** Na ja, dann habe ich ihn breitgeschlagen, und dann hat er mir den Wagen doch gekauft!«

Im Jahr 2013 titelt die »Bild«: **»Was macht der Flankengott beim Busen-Doc?«**, und schreibt dann weiter: **»Wenn einem der Busenfreund einen neuen Job besorgt – dann kommt man in die Busenklinik!«** Und was macht Abi genau vor Ort? Schönheitschirurg Dr. Petr Bolatzky: **»Ich habe ein 40-köpfiges Team. Das will bei Laune gehalten werden. Und dafür ist Abi Spezialist.«** Abramczik: **»Als Trainer musst du ja auch eine Mannschaft motivieren können.«**

Die Brüder Volker und Rüdiger Abramzik 1979 vor ihrem Sportgeschäft

Wolf-Dieter Ahlenfelder

Es ist die berühmteste Schiedsrichteranekdote der Bundesligageschichte, und sie ereignete sich im Bremer Weserstadion. Am 8. November 1975 soll Schiri Wolf-Dieter Ahlenfelder aus Oberhausen zusammen mit seinen beiden Linienrichtern die Partie des SV Werder gegen Hannover 96 (0:0) pfeifen.

Doch zuvor sitzen die drei Offiziellen zusammen in der Vereinsgaststätte und essen zu Mittag. Ob es Kohl und Pinkel gab, wie Horst-Dieter Höttges vermutet, oder der Jahreszeit entsprechend eine Gans mit Rotkohl und Klößen aufgetischt wurde, egal, die drei speisen auf jeden Fall genüsslich, klönen ein bisschen und vergessen darüber die Zeit. Als um 14:30 Uhr Werders Schiedsrichterbetreuer Richard Ackerschott an ihren Tisch kommt und fragt, wann die Männer in Schwarz sich denn warmmachen wollen, packen sie sich an ihre prall gefüllten Bäuche. So wird das heute nichts, denken sie und wollen den Magen erst einmal mit ein oder zwei schnellen Bieren durchspülen. Das klappt gut. Die Gans beginnt zu schwimmen. Doch mittlerweile ist es schon 14:45 Uhr, und noch wollen das gebratene Federvieh, der Rotkohl und die Klöße nicht richtig absacken. Man entschließt sich, das widerborstige Essen nun härter zu bekämpfen, und bestellt neben einer neuen Runde Pils auch einen Malteser. Und weil das so gut funktioniert, wiederholen die drei fröhlichen Männer den Spaß noch ein-, zweimal und gehen dann runter zum Umziehen – schließlich steht eine Bundesligapartie auf dem Programm.

Präsident Franz Böhmert erinnert sich: »Ich kam damals in die Schiedsrichterkabine, die war maximal zehn Quadratmeter groß, und es schlug mir schon eine Dunstglocke entgegen. Ich musste einen Bericht für den DFB anfertigen und habe dann erklärt, dass der Schiedsrichter sehr erkältet gewesen sei und

unser Vereinsarzt ihm deshalb einen Hustensaft gegeben hat, und da war ein bisschen Alkohol drin. Deswegen die Fahne!«

Und auch Horst-Dieter Höttges weiß noch alles von diesem legendären Tag: »Ahli kommt vorher bei uns in die Kabine, mit nacktem Oberkörper. Unser Masseur hatte damals Geburtstag. Dem hat er gratuliert, und da habe ich gemerkt, dass ein bisschen Alkohol im Spiel war. Da habe ich ihn genommen, bei uns unter die Dusche, und habe ihn mit Wick eingerieben, den ganzen Körper. Dann haben wir ihn wieder rausgelassen und da roch der ja nach Wick.« Auch Richard Ackerschott versucht noch zu retten, was nicht mehr zu retten ist, und besorgt eine Flasche Mundwasser.

Die folgenden Geschehnisse schildert Schiedsrichter Ahlenfelder so: »Nach 30 Minuten habe ich zur Halbzeit abgepfiffen. Nicht fragen, weshalb, wieso, warum. Da hatten wir wohl einen zu viel getrunken, ich weiß es auch nicht. Ja, das ist Ahlenfelder.« Genauso ist es. Und auch heute erinnert man sich in Bremen gerne an dieses Spiel zurück, wie Ahli mal erzählt hat: »Wenn man in Bremen einen Ahlenfelder bestellt, bekommt man ein Malteser-Bier-Gedeck. Da bin ich stolz drauf.«

Cartoon von Oli Hilbring zur berühmtesten Schiedsrichteranekdote

Starschnitt Ailton

»Ich mache schöne Augen, die Stuttgarter Abwehr hat keine Chance, der Torwart auch nicht. **1:0, das ist Ailton.**«

»Das ist verkauft – **an Klose.**«

(Auf die Frage, ob er zum Bundesliga-Auftakt bei seinem ehemaligen Klub Werder Bremen in »sein« Stadion zurückkehre)

»Alles, was ich bisher über Gelsenkirchen gehört habe, **ist ein Desaster.**«

(Über die Stadt seines zukünftigen Vereins)

»Ich habe das doch alles in Brasilien schon mitgemacht, als ich bei Guarani war. Da brauchte ich nur den Ball zu berühren, und los ging's mit den **Pfiffen und Beleidigungen**. Weil ich angeblich der bestbezahlte Spieler war und nicht genug für die Mannschaft tat. Und wenn ich heute zurückkehre, fragen die Leute: Ailton, wann kommst du wieder? Ich wünsche mir, dass das in Bremen auch so wird.«

Ailton und Johan Micoud im neuen Mannschaftsbus

»Jetzt lernt Ailton den **TEURO** kennen.«

(Klaus Allofs zum Fehlen des brasilianischen Torjägers beim Training)

»Ailton rennt nur immer nach vorn und geradeaus. Als die technisch versierten Brasilianer das Kombinieren geübt haben, hat er wohl gefehlt.«

(Andreas Herzog)

»So ist halt der Toni: **Wenn er müde wird, kratzt er sich am Kopf.«**

(Ralf Rangnick über Ailton, der ihm bei einer Auswechslung den Vogel zeigte)

»Ailton ist der einzige Bundesligaspieler mit einer Figur wie ein Schneemann.«

(ARD-Kommentator)

Ailton
Wie dick ist denn nun der Torjäger?

Sport-Bild hat ihn genau vermessen und einen Modeberater befragt

seinem Traum ein großes Stück Werbung für Unter-

»Der ist ja fast so dick wie unser Brasilianer.«

(Frank Baumanns Vergleich mit dem Hertha-Maskottchen)

Starschnitt

Klaus Allofs

»Das ist eine Auszeichnung, dass man nicht vergessen worden ist.«

(Klaus Allofs als Manager vom VfL Wolfsburg über unflätige Beschimpfungen gegen ihn aus dem Fanblock von Werder Bremen.)

»Man muss nicht immer zaubern, es geht auch mit 1:0 aufwärts.«

»Gnadenbrot gibt es nur für Pferde, im Profifußball aber wird dir nichts geschenkt. Geld gibt es nur für Leistung.«

»Nach so einem Tag bin ich froh, wenn ich ohne Verletzung in den Bus einsteige.«

(Nach einer deutlichen Niederlage)

»Für Eto'o ist im September schon Weihnachten. Der musste in keinen Zweikampf gehen, weil wir einfach nicht nah genug am Mann standen.«

»Ein Torriecher ist wahrscheinlich wie Fahrrad fahren – das verlernt man auch nicht.«

»Vielleicht sollten wir es mal mit Stromstößen versuchen, aber das ist ja nicht erlaubt.«

(Nach einem schlechten Spiel über neue Maßnahmen fürs Team)

»Hoffentlich sagt es keiner der Gewerkschaft.«

(Wegen zweier Spiele in 39 Stunden)

»Jäger kommen manchmal ohne Beute nach Hause. Trotzdem muss es am nächsten Tag weitergehen, sonst werden sie verhungern.«

(Sehr poetisch gestimmt nach einer Niederlage)

Manager Klaus Allofs genießt den Meisterschaftssieg 2004 in München zwar sehr – aber nicht, wie er es noch als Spieler konnte, in vollen Zügen: **»Jetzt muss ich bei allen Feierlichkeiten schon noch den Überblick bewahren. Ich kann schließlich schlecht kurz nach Schlusspfiff irgendwo in der Ecke liegen.«**

»Es gibt drei Leute im Stadion, die das nicht gesehen haben. Und die, die am Bierstand waren.«

(Klaus Allofs über einen nicht geahndeten Tritt von Kaiserslautern-Stürmer Dorge Kouemaha gegen den Kopf von Sebastian Prödl)

Starschnitt
Rudi Assauer

»Dann hätte Schalke die Lizenzspielermannschaft aus der Bundesliga abgezogen und in Holland angemeldet.«

(Auf die Frage, was passiert wäre, wenn Lothar Matthäus die Nationalmannschaft übernommen hätte)

»Wir sollten einen Professor holen. Oder einen vom Sozialamt. Und wenn es ein Balletttänzer ist, der uns nach vorne bringt, **dann holen wir einen Balletttänzer.«**

(Über die Anforderungen an den neuen Trainer von Schalke 04)

»Wenn wir die Schale haben, haue ich die so was von kaputt.«

(Nicht ganz ernst gemeinte »Drohung« des Schalke-Managers, der bei den Feierlichkeiten nach dem DFB-Pokal-Triumph den »Pott« fallen gelassen und demoliert hatte)

»Einmal in der Woche 90 Minuten konzentriert – das kann ich ja wohl erwarten.«

(Zur Einstellung seiner Spieler)

»Das Arbeitsgericht auf Schalke bin ich.«

(Nach der kurzfristigen Suspendierung und »Begnadigung« von Nationalspieler Jörg Böhme)

»Sollen sie doch ein Bayern-Studio aufmachen und fetten Gänsen den Arsch schmieren.«

(Über eine ARD-Entscheidung, Bayern statt Schalke zu zeigen)

»Wenn wir den Rasen einmal rein- und wieder rausschieben, ist das Geld schon weg.«

(Über die UI-Cup-Einnahmen)

»In der ersten Halbzeit hatten sie die Schlafpille. Dann gab es die Bullenspritze.«

(Nach einem Sieg)

»Wenn du die Treppe runtergehst, musst du immer nach unten schauen, sonst fällst du runter!«

(Nach einem 0:1 zu Hause gegen Hansa Rostock)

»Auch wenn es unter den Schnee geschissen wird – bei Tauwetter kommt alles wieder zum Vorschein.«

(Zur »Aufdeckung« des Geheimvertrages zwischen Bayern München und der Gruppe Kirch-Media)

»Bochum spielt nächstes Jahr in der Champions League und wir im Döner-Cup. Wenn wir Glück haben, können wir wieder den gesamten Nahen Osten bereisen.«

(Befürchtet, dass für Schalke im Rennen um die UEFA-Cup-Teilnahme nur ein UI-Cup-Platz bleibt.)

»Erst wenn wir Meister geworden sind, nehmen wir das Wort in den Mund.«

»Ich habe erfahren, es wurden mehr Blautannen als sonst vor Weihnachten verkauft.«

(Zur Euphorie um den Bundesliga-Wintermeister)

Starschnitt
Rudi Assauer

»Wenn du heute als Manager jungen Leuten gegenüberstehst und eine Wampe hast, dann bist du unglaubwürdig.«

»Wenn du in der **ersten Minute das 1:0 machst** und in der **letzten das 2:0**, dann **kann dir nichts passieren.**«

»Zu meiner aktiven Zeit haben die Doofen Fußball gespielt, heute haben auf Schalke zwei Drittel der Spieler Abitur.«

»Die ist unheimlich okay.«

(Liebeserklärung an seine zweite Ehefrau Britta)

»Vor dem heißen Ofen tropfen alle Menschen gleich.«

(Über seine Sauna-Leidenschaft)

»Ehrenpräsident? Das sind doch die, die in der Kuhle liegen.«

(Zu seiner möglichen späteren Funktion auf Schalke)

»Als ich noch in Bremen war, hörte ich, dass unser Masseur schwul ist. Ich bin zu ihm gegangen und habe ihm gesagt: **›Junge, tu dir einen Gefallen – such dir einen neuen Job.‹«**

»Wir stellen hier auf dem Vereinsgelände noch ein paar Dixi-Klos auf, die können wir ja dann nach Politikern benennen.«

(Assauer ärgert sich über die Kommunalpolitik in Gelsenkirchen.)

»Damen einzuwechseln und den Gegner zu erschrecken.«

(Auf die Frage einer Journalistin nach dem möglichen Erfolgsrezept in der Champions League gegen Istanbul)

»Ich habe beschlossen, dass ich immer im Ruhrgebiet bleibe, also werde ich auch immer auf Schalke gehen. Vorausgesetzt, dass ich noch laufen kann. Und wenn nicht, kann mich ja auch eine Dame in die Arena schieben.«

»Gelb geht nicht. Gelb ist Dortmund. Gelb geht echt nicht.«

»Wenn der **Kleine** mit der Zigarre frech wird, gibt's von mir Feuer.«

(Michael Huber, vom Schalke-Sponsor Veltins)

»Manager Rudi Assauer sitzt bei den Spielen neben mir. Er gehört mit auf die Bank, wie die Schalke-Arena zu Gelsenkirchen gehört.«

(Jupp Heynckes, der die gewohnte »Sitzordnung« auf der Bank nicht verändern will)

Starschnitt
Ingo Anderbrügge

»Das Tor gehört zu **70 Prozent** mir und zu **40 Prozent** dem Wilmots.«

»Ingo Anderbrügge, der Mann mit dem härtesten Schuss der Liga. Alle denken, jetzt holt er den Hammer raus. Aber es war nur der Glasschneider.«

(Werner Hansch)

»Ich habe zum ersten Mal gegen eine Mannschaft mit **schwarzen Trikots** gespielt. Das ist ja schlimm, man denkt, da laufen lauter Schiedsrichter herum.«

»**Ich bin doch hier nicht der Hans Doof.** Wir haben so viele Verletzte. Einer spielt nur mit einem Arm – und ein anderer mit 40 Grad Fieber – und dann bin ich immer noch der Letzte, der eingewechselt wird.«

B.

Starschnitt
Mario Basler

»Bei mir nicht, ich spiele ja nur 70 Minuten.«

(Auf die Frage, ob es in der neuen Saison zu einer Überbelastung der Fußballprofis kommt)

„Quatsch, wir zocken nie um viel Geld. Höchstens um 3.000 DM!«

(Im Trainingslager der deutschen Nationalmannschaft)

Mario Basler im Gespräch mit Hansi Gundelach

»50 Prozent der Spieler hassen mich.«

»Einen zusammen saufen wäre vielleicht mal gar nicht so schlecht.«

(Vorschlag zur Verbesserung des Betriebsklimas in der Mannschaft)

»Trainer, hat's so was wirklich gegeben?«

(Beim Besuch der Holocaustgedenkstätte in Yad Vashem anlässlich der Länderspielreise nach Israel zu Berti Vogts)

»Ich bin jetzt 37. Seit genau 24 Jahren.«

(Auf die Frage, wie lange er schon raucht)

»Baslers Freistöße sind wie das wirkliche Leben: mal weich und kurz, mal hart und lang.«

(Jörg Wontorra)

»Der Mario ist ja ein Profi, der geht nicht so gerne vors Haus.«

(Sagt Markus Babbel und lacht sich kaputt.)

»Das Verhältnis ist nicht zerrüttet. Zerrüttet kann nur eine Ehe sein.«

(Erich Ribbeck über sein Verhältnis zu Basler)

»Ich habe viel mit Mario Basler gemeinsam. Wir sind beide Fußballer, **wir trinken beide gerne mal einen, ich allerdings erst nach der Arbeit.«**

(Felix Magath)

»Gehört Basler wieder zum Aufgebot?«

(Der portugiesische Nationalspieler und Ex-Dortmunder Paulo Sousa auf die Frage, vor welchem deutschen Nationalspieler er besonderen Respekt habe)

Starschnitt Franz Beckenbauer

»Eine **Schweinshaxe um 23 Uhr** vor einem wichtigen Spiel war früher nahezu das Normalste der Welt.«

(Über veränderte Ernährungsmethoden im Profifußball)

»Es muss nur genug regnen, dann kann man Wasserball spielen.«

(Zur Nutzung des Olympiastadions bei einem Auszug von Bayern München)

»Der liebe Gott freut sich über jedes Kind.«

(Auf sein uneheliches Kind angesprochen)

»Das ist Obergiesing gegen Untergiesing.«

(In der Halbzeit eines Grottenkicks zwischen dem FC Bayern und Köln)

»Nicht einen Tag! **Wenn es anfängt zu riechen, ist das Sache der Mutter.«**

(Auf die Frage, wie lange er Mutter sein könnte)

»Ich bin Keizer, du bist Beckenbauer!«

(Klarstellung vom Holländer Piet Keizer nach einem Freundschaftsspiel von Ajax Amsterdam gegen die Bayern 1972, das Ajax 5:0 gewann)

»Bei Franz Beckenbauer sagen alle: **Du bist der Kaiser. Auf dich hören sie. Du machst nichts falsch, und wenn du was falsch machst, sagen alle, das war richtig.**«

(Reiner Calmund)

»Mit dem Licht, das er ausstrahlt, blendet er die Journalisten.«

(Gerhard Mayer-Vorfelder)

»Ich habe meinen Vater im Fernsehen weggeschaltet, weil ich ihn nicht mehr hören konnte.«

(Stefan Beckenbauer)

»Vom Franz sind schon Interviews veröffentlicht worden, wenn er Selbstgespräche führte.«

(DFB-Pressechef Wolfgang Niersbach)

»Von Beckenbauer habe ich sehr viel gelernt. **Vor allem, dass es eigentlich egal ist, was ich gestern gesagt habe.**«

(Klaus Augenthaler)

»Wenn er sagt, wir spielen künftig mit viereckigen Bällen, dann wird mit viereckigen Bällen gespielt.«

(Rudi Assauer)

Starschnitt
Fredi Bobic

»Die Kameras sind ja fast mit auf die Toilette gegangen, um zu sehen, was für ein Gesicht der Trainer macht.«

Aus der »Bravo Sport«

»Wenn ich einmal nicht mehr fit genug bin, um übers Feld zu stürmen, stelle ich mir vor, meinen Traum zu erfüllen: FEUERWEHRMANN IN NEW YORK. Ich würde für meine Leistungen anerkannt, so wie sich das für Menschen gehört, die für andere ihr Leben riskieren. Mehr jedenfalls als für den Fußballer, der ich im wirklichen Leben bin.«

»Wenn die **Kacke** einmal am Dampfen ist, dann kommt man in einen **Negativ-Trend.**«

»Ich bin schon ziemlich INTIM …äh IMMUN dagegen geworden.«
(Über Kritik an seiner Person)

»Es muss Elfmeter gewesen sein. Schwalben kann ich überhaupt nicht.«

Erfolgreiche „Dreiecke" in der Bundesliga

VfL Wolfsburg Grafite/Dzeko/Misimovic	2008/09 und 2009/10	**104 Tore**
VfB Stuttgart Elber/Bobic/Balakov	1995/96 und 1996/97	**89 Tore**
Werder Bremen Klose/Klasnic/Micoud	2004/05 und 2005/06	**81 Tore**

»Irgendwas mit McDonald. Da gibt es wahrscheinlich nur Big Macs zu essen.«

(Auf die Frage, ob er wisse, wie das Mannschaftshotel der deutschen Nationalmannschaft in Schottland heiße)

Autogrammkarte aus der Saison 1997/98

»Wenn ich so ein schlechter Spieler wie der Bobic wäre, würde ich die 9 nicht anziehen. Das ist eine Beleidigung für dieses Trikot. Der kann vielleicht die 29 tragen.«

(Klaus Fischer)

»Ich hätte die Dinger auch nicht reingemacht … mit meinem Knie.«

(Matthias Sammer über Fredi Bobics Leistung)

Der stürmende Fredi Bobic während der Saison 1998/99

»Blinde Bratwurst.«

(Zu einem Schiedsrichter)

Starschnitt
Rainer Bonhof

»**Sylvester Stallone** und **Arnold Schwarzenegger** in der Abwehr, **Bruce Willis** im Mittelfeld und **Jean Claude van Damme** im Sturm.«

(Auf die Frage, wie er die verletzten Spieler zu ersetzen gedenke)

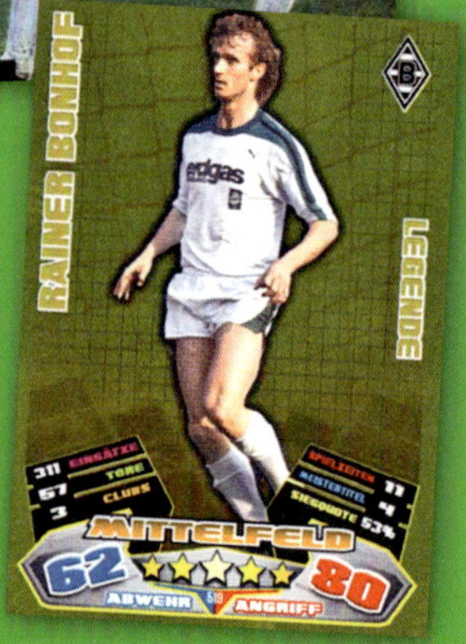

»Bernhard Langer hat mal gesagt, Leistungssport **spielt sich zwischen den Ohren ab**. Da war teilweise **Brachland**, das neu bepflanzt werden musste.«

(Zur Nervenschwäche seines Teams)

»Wir müssen die Basis fundieren.«

»Vielleicht war es einmal ganz gut, dass Bonhof einen getroffen hat, der ihn richtig nass gemacht hat. Jetzt weiß er hoffentlich, dass man nicht immer Weltmeister ist!«, spottet Hennes Weisweiler nach einem 4:3 der Offenbacher, bei denen Siggi Held Bonhof im Griff hatte.

»Aus den eigenen Fehlern zu lernen ist **recht und teuer**, aus den Fehlern anderer zu lernen **recht und billig**.«

Günter Netzer, der früher gerne auch schon einmal abends in München auf eine Promi-Party ging und morgens rechtzeitig wieder auf dem Trainingsplatz stand, sieht eines Tages seinen Mitspieler Rainer Bonhof mit einem Buch über die High Society. Auf Netzers Frage, was er denn damit mache, antwortet Bonhof süffisant: »Ich wollte nur mal wissen, wie das so zugeht in deinen Kreisen.«

Rainer Bonhof lehnt Kinder mit seiner Freundin Roswitha Mückner strikt ab, noch. Der stressige Beruf ist das Hindernis. Denn Bonhof hat keine Lust, dass die Kinder fragen könnten: **»Mutti, wer ist denn der fremde Mann eigentlich, der ab und zu seine schmutzige Wäsche hier abgibt?«**

»Entweder fällt dabei ein Tor oder ein Mann aus der Mauer!«

(Rainer Bonhof erklärt seinen harten Schuss.)

Starschnitt
Uli Borowka

Diese Fundstücke hat Uli Borowka dem Autor zur Verfügung gestellt.

Uli Borowka ist von 216 Profis zum größten **»Treter der Bundesliga«** gewählt worden. Seine Frau Carmen reagiert etwas geschockt, als sie von der »Auszeichnung« erfährt: »Jetzt weiß ich erst, mit was für einem Rüpel ich verheiratet bin. Eigentlich müsste ich mich von Uli scheiden lassen.« Borowka selbst nimmt die Sache auch eher mit Humor. Er findet es nur schade, dass er nichts Vorzeigbares in den Händen halten kann: »Es gibt doch immer Nadeln und Pokale. Ich bestehe jetzt auf einem **eisernen Schuh**!«

»Ich bin nicht der Sündenbock, aber ich bin immer der Sündenbock!«

Frage an Uli Borowka:
»Sind Sie eigentlich romantisch?«
(Sabine B., 2000 Hamburg 60)
Antwort von Uli:
»Da muss ich meine liebe Frau fragen.«
Antwort von Carmen Borowka: **»Nein!«**

»Mein Talisman ist eine Krawattennadel mit einem Hackebeil. Ein Geschenk meiner Frau, die meint, das würde zu meinem Erscheinungsbild auf dem Fußballplatz passen.«

»Ich würde diese Hosen sogar im Bett anziehen, wenn ich friere.«

(Zum Thema Liebestöter)

»Ich spiele so Golf, wie ich früher Fußball gespielt habe: **Hau drauf**, und dann musste gucken, wie du aus der Sülze rauskommst.«

»Auch wenn wir heute verlieren, einer von euch kommt heute noch ins Krankenhaus.«

»Ich habe jetzt 'ne **Titanplatte im Fuß**, damit es am Schienbein des Gegenspielers besser klingelt.«

Eigentlich zimmert Haudeden Uli Borowka die Bälle gerne mit ordentlich Karacho aufs Tor. Doch seinen Treffer zum 0:1 beim 1. FC Kaiserslautern (2:3) erzielt er mit einem eleganten Schlenzer. Die Begründung für die andere Schusstechnik klingt einleuchtend: **»Kurz vor der Szene brach meine alte Zerrung wieder auf, da konnte ich nicht voll draufhauen – also habe ich den Ball gelupft!«**

Uli Borowka mit seiner Freundin Carmen

Starschnitt
Uli Borowka

Das »Fohlen Echo« von Borussia Mönchengladbach zum rheinischen Derby im November 1984.

»Mein Talisman ist eine Krawattennadel mit einem Hackebeil. Ein Geschenk meiner Frau, die meint, das würde zu meinem Erscheinungsbild auf dem Fußballplatz passen.«

Zusammen mit Alex Raack hat Uli Borowka 2012 seine äußerst lesenswerte Biografie »Volle Pulle« geschrieben. In dem Buch nennt Uli Borowka stets Ross und Reiter beim Namen – nur ein einziges Mal nicht. Es ist der Abend, als Klaus Allofs seinen Einstand beim SV Werder feiert. Zünftig wie üblich trinkt man sich in Stimmung. Dazu gehört auch, wie Uli Borowka in einer geselligen Runde in Bochum einmal erzählte, dass der neue Spieler stets mit jedem Mannschaftskameraden ein Pinnchen Schnaps trinken musste. Damals umfassten die Kader Gott sei Dank nur maximal 20 Spieler, zu Zeiten eines Felix Magath auf Schalke oder in Wolfsburg wäre dieses Ritual wohl häufig nicht gut ausgegangen. Nachdem man einige Stunden gezecht hatte, zog man schließlich in kleiner Runde noch weiter in ein nahegelegenes Etablissement.

Dort legte man den schlafenden Klaus Allofs in der Küche ab und veranstaltete unter dem Kommando von Borowka im Whirlpool ein »Wett-Tauchen«. Als Uli schließlich genug hatte, begab er sich in die Küche. Dort war Allofs aber nicht mehr, und so öffnete Borowka auf der Suche nach seinem neuen Kollegen einige Türen, bis er schließlich auf einem Bett einen ***»Kerl mit schwarzer Damenstrumpfhose und Stöckelschuhen«*** entdeckte, den er kannte. Ein berühmter Sportjournalist. Borowka rief sogleich: ***»Na, du Arschloch«***, und zog die Tür hinter sich zu. In den Wochen danach konnte er sich darauf verlassen, egal wie schlecht er auch spielte, dass samstags ab 22 Uhr im ZDF stets gesagt wurde: ***»Uli Borowka, wie immer einer der besten Männer auf dem Platz!«***

»Gute Frau, schicken Sie mir Ihren Bruder, mit dem rede ich.«

(Otto Rehhagel zur Reporterin Sabine Töpperwien)

Ein Europapokalsieg musste in Bremen natürlich ordentlich gefeiert werden: Dieter Eilts rasierte Borowka im Mai 1992 eine Glatze.

Starschnitt ……… Andreas Brehme

»Wenn der Schiri den **Elfmeter** gibt, dann hätten wir noch was zerreißen können.«

»Wenn der **Mann in Schwarz** pfeift, kann der Schiedsrichter auch nichts mehr machen.«

»Einfacher ist es als **Spieler**. Auf der Trainerbank wird man manchmal bekloppt.«

»Ich bin **bärenstolz** auf meine Mannschaft.«

»Wir haben mit einem **Arbeitssieg** das Spiel gewonnen.«

»Wir müssen die deutsch-holländische **Feindschaft** wieder aufleben lassen.«

(Andreas Brehme nach dem UEFA-Cup-Spiel Eindhoven gegen Kaiserslautern, das wegen Zuschauerausschreitungen unterbrochen werden musste)

»Uns steht ein hartes Programm ins **Gesicht**.«

»Wenn Sie mich **heute** Scheiße fragen, wissen Sie auch nicht, ob Sie **morgen** noch Ihren Job haben.«
(Nach einer Niederlage auf die Frage, ob er glaube, am nächsten Tag noch Trainer des 1. FC Kaiserslautern zu sein)

»Die **Flanken** von außen sind auch **Roberto Carlos** und **Cafu** denen ihre Spezialität.«

»Wir waren **immer** überzeugt von ihn.«
(Über Lincoln)

Vor dem **Torwandschießen**: **»Also bei mir geht das mit dem linken Fuß genauer und mit dem rechten fester!«** Moderator: »Und mit welchem Fuß schießen sie jetzt auf die Torwand?« **»Ja, mit dem rechten!«**

»Den **Rat**, den ich weiterzugeben habe: Wenn junge Profis träumen, sollten sie auf keinen Fall schlafen.«

Starschnitt
Paul Breitner

»Wer mir glaubt, ist selber schuld.«

»Ich mache mir nicht viel aus Westernfilmen. Ich lese lieber. Ich habe immer drei, vier Bücher dabei. Alles, was mir wichtig erscheint, natürlich auch Schriften von Lenin und Mao.«

Zu seinen Dauerfehden mit Journalisten: »Wenn mich einer in der Zeitung ›Zigeuner‹ genannt hat, habe ich in aller Öffentlichkeit ›Schreibtischmörder‹ zu ihm gesagt!«

»Ich will kein Sklave des Fußballs sein. Wenn der FC Bayern nicht spielt, möchte ich meine Ruhe haben.«

»Erst nach dem Training bin ich Mensch.«

»Für mich war es nebensächlich, im Spiel anderthalb Stunden zu rennen.«

»Nichts stimuliert mehr als Pfiffe.«

»Dem gehört eine Banane in die Hand und dann ab auf den Baum.«

(Max Merkel)

»Schau mal in den Spiegel, Breitner, dann weißt du Bescheid.«

(Wolf-Dieter Ahlenfelder zu Paul Breitner, der ihn mehrfach mit »du Affe« angesprochen hatte)

Breitner war ein **durchschnittlicher Verteidiger**, ein **durchschnittlicher Mittelfeldspieler**, ein **durchschnittlicher Stürmer**, ein **durchschnittlicher Athlet**. Einzig und allein war er auf einem Gebiet **überdurchschnittlich: auf dem Gebiet der Selbstdarstellung.**

(»Die Zeit«)

»Den Jorginho habe ich schon gekannt, da hat Breitner noch gemeint, das ist ein **Medizinmann aus dem Urwald**.«

(Jupp Heynckes zu den Vorwürfen von Breitner, der FC Bayern habe eine verfehlte Einkaufspolitik betrieben)

Starschnitt Hans-Peter Briegel

Ein Reporter besucht **»Die Walz aus der Pfalz«** zu Hause in Rodenbach. Hier ist die Familie noch Trumpf. Die Oma von Hans-Peter Briegel hat sich um den Haushalt zu kümmern. Auch wenn die Presse da ist. Briegel: »Oma, mach uns einen Kaffee! Wollen Sie ein Brötchen mit Erdbeermarmelade oder mit Leberwurst?« Briegel kommt vom Bauernhof und hat sich in den Anfangstagen als Profi auch einmal bei typischen Bauerntätigkeiten ablichten lassen: beim Melken, Stallausmisten oder auf einem Traktor. Ob ihm das nun peinlich ist? »Gewiss gibt es Leute, die sagen, jetzt hat der Bauer angefangen, Fußball zu spielen. Die haben ja recht. Aber ich würde mich wieder genauso fotografieren lassen. Ich stamme von einem Bauernhof, und?!«

In Kaiserslautern ist Hans-Peter Briegel ein Star geworden und hat dennoch nicht die Bodenhaftung verloren, wie sein Trainer Kalli Feldkamp erzählt: »Peter Briegel hat sich in der Rangordnung ganz schnell nach oben gespielt, aber er nutzt das nicht aus, spielt sich nicht auf. **Er weiß genau, dass zehn kleine Hühner auch einen großen Hahn umbringen können.** Ein solches Bewusstsein darf ein Star nie verlieren.«

August 1980: Hans-Peter Briegel auf dem Bauernhof seiner Eltern in Rodenbach bei Kaiserslautern

Der Februar des Jahres **1978** ist sehr kalt und vor allem sehr schneereich. Die Bundesliga erzittert. Auch der Betzenberg versinkt in den weißen Massen. Oben stehen **FCK-Präsident Jürgen Friedrich** und **Manager Heinz Neuhaus** vom heutigen Gegner, dem MSV Duisburg. Kopfschüttelnd schauen sie hinunter. Friedrich hält zudem eine Hand hinter sein linkes Ohr und lauscht: »Nee«, sagt er, »da rührt sich nichts!«

Normalerweise kommen um diese Zeit die ersten Zuschauer den Berg hinauf, doch heute passiert rein gar nichts. Heinz Neuhaus versucht die Sache mit Humor zu nehmen: **»Wer hier den Berg raufschafft, müsste eine Aufstiegsprämie bekommen.«** Friedrich lächelt ob der schwindenden Einnahmen an der Tageskasse nur mühsam: »Ja, aber vom Alpenverein!«

Am Ende kommen statt der durchschnittlich 22.000 Besucher nur 7.000 hoch auf den Betzenberg. Doch die erleben auf dem knöcheltief im Schnee versinkenden Platz eine echte FCK-Gala. 6:1 wird der MSV nach Hause geschickt. Duisburgs Manager Neuhaus kann seinem Team nicht richtig böse sein: **»Unsere Spieler hatten jahrelang keine einzige Schneeflocke mehr gesehen.«**

Lauterer Torjubel beim Schneespiel, u.a. mit Klaus Toppmöller (r.)

Starschnitt
Guido Buchwald

BU:XXxxxx

Guido Buchwald hat sich nach und nach hochgekämpft beim VfB. Und das tat ihm gut, wie er selbst findet: »Leute, die plötzlich hochgejubelt werden, schnappen über, weil sie das Hinaufwerkeln nicht kennen, von der letzten Reihe im Ballett in die vorderste, vom Statieren zum Vortanzen.« Guidos größter Fan sitzt zu Hause. Frau Sylvia mag seine kämpferische Art, immer alles zu geben. Nach einem Länderspiel, für das Buchwald viel Kritik einstecken musste, sagt sie: »Reg dich nicht auf. Auch für mich hast du ein gutes Spiel gemacht. Obwohl man am Fernseher kaum etwas von dir gesehen hat, so dreckig, wie du warst.«

»Vielleicht bin ich heute ein Stück unsterblich geworden«, sagt Guido Buchwald, der Schütze des entscheidenden Tores für den neuen Deutschen Meister VfB Stuttgart. Im letzten Saisonspiel 1991/92 bei Bayer Leverkusen trifft er wenige Minuten vor Schluss per Kopf.

Buchwald-Porträt im »fußball magazin« (links) und als Titelheld der »Sport Bild« im Mai 1992

»6 Wochen ohne Sex sind eine lange Zeit, das würden wir nicht aushalten.«

(Die Aussage von Sylvia wird Ehemann Guido gefreut haben.)

Frage an Guido Buchwald von Werner H. aus 7218 Irslingen: **»Welches Parfüm benutzt du?«**

Antwort: **»Momentan Azzaro, aber variantenreich wie mein Spiel ist auch die Wahl meiner Duftwässerchen.«**

»Ich war überzeugt, wir gewinnen die EM. Aber am **schwersten** trägt man eben meist an dem, was man auf die leichte Schulter nimmt.«

»Ich habe 'ne Oberschenkelzerrung im linken Fuß.«

Variantenreich sind auch die Settings seiner Fotoshootings: Hier mit seiner schwangeren Frau Sylvia und Fahrrad im Juli 1985…

Starschnitt

Manfred Burgsmüller

Moderator Hans-Joachim Rauschenbach fragt Stürmer Burgsmüller vor laufender Kamera:
»Was machen Sie heute Abend?«

Burgsmüller: »Ich werde heute Abend zu Hause sein und ein bissel fernsehen.«

Rauschenbach: »Ja, spielen Sie ein bisschen Doppelpass mit Ihrer Frau. Dabei kann man auch wichtige Pluspunkte gewinnen.«

»Vor rund 25 Jahren hat mich der Schwarzenbeck umgegrätscht.«

(Zu den Gründen seiner Sprunggelenkoperation)

»Auf der Bank habe ich schon in meinem Garten lang genug gesessen. Das muss nicht auch noch im Stadion so sein. **Da will ich spielen!«**

(Nach einer vereinsinternen Sperre)

»Einst nannten wir ihn **›Murksmüller‹**. Jetzt müssen wir ihn hochachtungsvoll in **›Burgsknüller‹** umtaufen.«

(»WAZ«)

»Der beste Präsident ist der, der ein dickes Konto hat, den Verein nach außen repräsentiert, den Trainer und Manager in Ruhe arbeiten lässt. Den würde ich jeden Samstag eigenhändig mit der Sänfte zum Spiel tragen.«

»Was bringt dir im Spiel die große Pumpe, wenn du unterwegs den Ball vergisst?«

»Ich habe gegen Düsseldorf einen Elfmeter verschossen. Würden mir Tore etwas bedeuten, wäre ich viel konzentrierter zu Werke gegangen.«

»Ruhe habe ich noch genug, wenn ich einmal nicht mehr auf dieser schönen Erde weile.«

(Als er 50 wurde und auch weiterhin als Football-Profi für Rhein Fire Düsseldorf kicken wollte)

Starschnitt

Manfred Burgsmüller

Saison 1985/86: Ein kurioses Tor, über das die Bundesliga lacht, erzielt bei der Partie des SV Werder Bremen gegen den 1. FC Kaiserslautern (2:0) Manni Burgsmüller. Der Stürmer schildert den Treffer in der 55. Minute aus seiner Sicht so: **»Der Ehrmann hält den Ball, ich liege so neben dem Tor, rappel mich auf und will zur Mitte. Da seh ich, wie der Gerry vor sich hinpennt. Ich geh zu ihm hin und schubse dem mit der Hand die Pille aus dem Arm. Fällt der Ball auf den Boden und ich schieb ihn rein.«** Der Lauterer Torwart ist alles andere als erfreut und droht Burgsmüller mit der Faust. Burgsmüller: **»Der Ehrmann machte ja Bodybuilding und konnte kaum laufen vor Kraft. Wenn der mir eine gescheuert hätte …«** Es wäre wohl verdient gewesen! Denn Burgsmüller flüstert dem erregten Keeper noch ins Ohr: **»Tor ist, wenn der Schiedsrichter pfeift.«** Dann geht er schnell flitzen! Übrigens: Der Schiri hat eigentlich nichts mitbekommen, redet sich aber eloquent aus der Bredouille: **»Ich habe keinen Rempler gesehen, der Ball war frei, als Burgsmüller ihn spielte. In den Händen des Torwarts war er nicht.«** Nicht mehr – und das bringt Ehrmann auf die Palme. Mit einem einzigen Ziel läuft er nach Spielschluss auf den Schiedsrichter zu, wird jedoch kurz vorher abgefangen. Sein gestählter Körper bebt, aber ihm bleibt nur der Mund!

1990 beendet Manni Burgsmüller seine lange Karriere. 1985 kam er mit 36 Jahren vom Zweitligisten Rot-Weiß Oberhausen zu Werder Bremen – persönlich beobachtet und verpflichtet durch Otto Rehhagel: »Mit Bart und Schlapphut verkleidet bin ich nach Oberhausen gefahren, hab mich auf einen Stehplatz gestellt. Die Fans neben mir schwärmten von Manni. Der war körperlich noch hundertprozentig drauf. Dazu diese Leichtfüßigkeit, die Spielintelligenz. Frau Burgsmüller ist damals vom Hocker gefallen, doch dem Manni habe ich etwas geschenkt, das ist einmalig. Der wollte aufhören und wurde zwei Jahre später Deutscher Meister. Sein erster Titel.«

Manfred Burgsmüllers ungewöhnliches Comeback

Ein gestandenes Mannsbild, obwohl er oft noch wie ein großer, ungebärdiger Junge wirkt. Einer, der sich schon aufs Altenteil zurückziehen könnte wie die meisten seiner gleichaltrigen Stürmerkollegen, der aber noch immer um vieles jünger wirkt als mancher jüngere.

Gemeint ist Manfred Burgsmüller. Mal als Retter und mal als Rebell, mal als Kunstschütze gepriesen und mal als Heckenschütze getadelt. Einer, der alle Schliche auf dem Fußballplatz, aber auch hinter den Kulissen kennt. Ein Schlitzohr, den der Erfolg beflügelt.

Otto Rehhagel kannte Tricks und Schliche seines spät geholten Dauerbrenners und Dauerrenners. Einer von solcher Sorte hatte den vielleicht oft gar zu braven Bremern gerade noch gefehlt, vor allem, als sich herausstellte, daß Rudi Völler lange fehlen würde.

Burgsmüller schoß Tore, wie nur er sie schießt!

Den Ball über Gladbachs Torwart Sude wie ein Jongleur hinweg lupfend, einen Abschlag des Düsseldorfer Keepers Schmadtke wie einen Bumerang zurückschleudernd (ins Tor selbstverständlich), einen Ball dem Kaiserslauterner Torwart Ehrmann aus der Hand rempelnd (und wiederum ins Tor befördernd) sowie zwei Kunstschüsse gegen Leverkusen aus der Drehung heraus ins entlegene Eck zirkelnd.

Bürgsmüller ließ nicht überall nur Freunde zurück, wo er einst spielte. In Nürnberg zum Beispiel, wo er nicht in die damals zusammengewürfelte Mannschaft und das Team nicht zu ihn paßte. Manni ist auch keiner, der sich um jeden Preis Freunde und Freundschaften erwerben will. Wäre er von solchem Zuschnitt, würde es ihm wahrscheinlich an List und Tücke als Fußballer fehlen.

Burgsmüller noch mit nach Mexiko?

Ein Gedanke, der vielen seiner Fans gekommen sein mag, als plötzlich Dieter Hoeneß im Beckenbauer-Kreis auftauchte. Ein Gedanke jedoch, den Burgsmüller ebensoweit von sich wies wie der DFB-Teamchef.

Mann, o Mann(i) Burgsmüller!

W. K.

Ein kleines Wunder der Bundesliga: Manfred Burgsmüller erlebt mit 36 seinen vierten Fußball-Frühling in Bremen. Schwung erhält jung.

Mann, oh Mann(i)

Jedes zweite seiner Tore ist fast schon ein kleines Kunstwerk: Spezialität des Manni Burgsmüller.

fuma-Foto: Liedel

Starschnitt
Krassimir Balakov

»Für mich spielen Punkte keine Rolle. Ich schaue immer nach oben, weil ich am Ende dort stehen möchte.«

Balakov während eines Spiels gegen den VfL Wolfsburg in der Saison 1997/98

»Das war eine schwäbische Gratulation: Wir haben viel über die 200 Bundesligaspiele geredet, aber nichts geschenkt.«

(VfB-Präsident Manfred Haas über die ausgebliebene Ehrung Krassimir Balakovs für sein 200. Bundesligaspiel)

»Balakow hat viel Raum – und Platz ohne Ende.«

(Erich Laaser)

»Balakov konnte sich dabei sogar noch unterhalten.«

(Felix Magath ist beeindruckt von der läuferischen Leistung seines Mittelfeldregisseurs beim Konditionstraining.)

»Ich habe gesehen, der Ball läuft genau gegen mich. Was soll ich machen? Muss ich reinmachen.«

Krassimir Balakov auf dem Titel der »Bravo Sport« vom 9. Oktober 1996

C

Starschnitt Cacau

Autogrammkarte der Saison 2011/12

Jeronimo Claudemir Barreto, besser bekannt unter seinem Namen Cacau, verriet zu seiner Zeit beim 1. FC Nürnberg ein Geheimnis, das er lange Zeit lieber für sich behalten hatte, aus Angst, seine Mannschaftskameraden würden ihn auslachen. Aus diesem Grund hatte er sein ganz spezielles Ritual auch immer alleine und versteckt auf der Toilette vollzogen. Vor jedem Spiel rieb Cacau frisch gemahlenen Pfeffer auf seine eingecremten Füße. Verlegen erzählte der Brasilianer: »Ein Rezept meiner Mutter. So bleiben meine Füße warm, und ich behalte im kalten deutschen Winter mein Ballgefühl.«

Eine Sonderkarte, die vom VfB Stuttgart herausgegeben wurde

Als Cacau seinen Einbürgerungstest vorbereitete, murmelte er in der Kabine immer wieder die Namen der deutschen Bundeskanzler vor sich hin. Die Mitspieler verstanden nur »Helmut« und lachten. Ein paar Tage später wurde Cacau von seinen Kameraden nur noch »Helmut« gerufen.

»Ich weiß, dass du sehr gläubig bist. Und wie Gott hinter dir steht, so stehe auch ich hinter dir. Ich vertraue dir.«

(Trainer Matthias Sammer zu Cacau)

Sammelbild zur EM 2012

»Cacau gibt immer alles. Er läuft oft falsch, aber er läuft.«

(Felix Magath)

Ein Kinderbuch über Andy Latte und seine Freunde in der D-Jugend des SV Klosterberg

»Der Deutsche in mir ist größer als der Brasilianer.«

Erfolgreiche Zeiten beim VfB: Cacau und Serdar Tasci im Sommer 2007 mit der Meisterschale

Starschnitt

Bum-Kun Cha

»Gott hat an mir Wunder gewirkt«, sagt Bum-Kun Cha durchaus selbstbewusst.

Der Sohn von Bum-Kun Cha, Du-Ri Cha, und ein Foto von Bum-Kun zieren im Mai 2004 das Cover des »11 Freunde«-Magazins.

»Deutsch kann er noch nicht sprechen, aber fallen dafür umso besser!«
(Walter Eschweiler über Bum-Kun Cha)

Kurioses passiert am 30. Dezember in Darmstadt: Der Südkoreaner Bum-Kun Cha gibt für die Lilien sein Bundesliga-Debüt. 700 begeisterte Landsleute kommen aus allen Teilen der Republik, um den »populärsten Fußballspieler Asiens« live spielen zu sehen. Am Ende steht es 3:1 für Darmstadt 98 gegen den VfL Bochum. Cha präsentiert sich bärenstark – verschwindet allerdings direkt nach der Partie spurlos. Erst kurze Zeit später wird bekannt, dass er zu Hause noch seinen **Militärdienst ableisten** muss und deshalb umgehend in die Heimat zurückkehrte. Er hat es so eilig, dass in Darmstadt monatelang noch ein Umschlag mit 1.500 Mark für ihn liegt – es ist die Prämie, die Cha für den Sieg gegen Bochum erhalten sollte!

Autogrammkarte von Bum-Kun Cha

»Wieder ein Konter. Wieder Cha Bum – was macht er? Wieder drüber!«

(Holger Obermann kommentiert eine Wiederholung)

Un-Mi, die Frau des koreanischen Fußball-Helden Bum-Kun Cha, konnte von der feinfühligen Seite ihres Mannes berichten: »Hoffentlich wird Cha heute Abend in Kaiserslautern aufgestellt! Es würde ihn so hart treffen, wenn er nicht spielt«, erzählte sie offenherzig einem Fußball-Magazin. Wahrscheinlich werden auch seine Konkurrenten um den Stammplatz bei der Frankfurter Eintracht aufmerksam verfolgt haben, welch weiche Seite ihr Mitspieler da offenbarte: »Ich zittere jedes Mal um ihn, sensibel wie er ist, nimmt er sich jeden Misserfolg unwahrscheinlich zu Herzen.«

1. Oktober 1980, Eintracht Frankfurt – Schachtjor Donezk (3:0): Die Anzeigetafel im Frankfurter Waldstadion präsentiert den Torschützen Bum-Kun Cha.

Starschnitt
Reiner Calmund

Reiner Calmund zu Willi Lemke: **»Man Willi, du siehst ja echt aus, als sei 'ne Hungersnot ausgebrochen!«** Lemkes Antwort: **»Und du siehst so aus, als seiest du schuld daran!«**

»Im Fußball ist es wie im Eiskunstlauf – wer die meisten Tore schießt, der gewinnt!«

»Ich war selbst Jugendtrainer, bevor ich den Medizinball verschluckt habe.«

»Der flinke Dicke.«

(Auf die Frage, wie er sich selbst als Pornodarsteller nennen würde)

»Wenn wir ins Münchner Olympiastadion kommen, stinkt es immer nach Scheiße – so voll haben wir die Pampers.«

An Karneval können auch Kölner und Leverkusener miteinander – Hauptsache Rheinländer: Lukas Podolski und Reiner Calmund beim Rosenmontagsumzug in Köln im Februar 2012.

D

Starschnitt
Christoph Daum

Christoph Daum als Karnevalsprinz beim Rosenmontagsumzug 2008

»Die Wahrnehmung des Menschen erfolgt über die Augen: Was man sieht, will man haben. Wenn ich 35.000 Mark verspreche, ist das eine abstrakte Summe. Profis müssen Geldscheine sehen. Ich bin sogar einen Schritt weiter gegangen: Woher kommt das Wort ›begreifen‹? Ein Kind lernt seine Umwelt kennen, indem es greift, anfasst, eben begreift. Ich habe also die Banknoten auf Pappe geklebt und die Spieler anfassen lassen. **Da werden ganz andere körperliche Prozesse ausgelöst, als wenn ich nur sage: Jungs, es geht um 35 Mille.«**

»Das Flackern in meinen Augen werde ich auch in Zukunft nicht ändern können.«

(Im Zusammenhang mit seinem Drogengeständnis)

»Im Vergleich zu den Artikeln, die sie schreiben, sind die Märchen aus Tausendundeiner Nacht **empirische Untersuchungen.«**

(Über türkische Sportjournalisten)

»Mein Lieblingstier ist der Elefant. Er hat eine dicke Haut und einen breiten Rücken.«

Fußballer und ihre Autos, Folge 1.342: Hier präsentiert Christoph Daum dem Fotografen seinen neuen Renault (November 1987).

»Zur Entwicklung jedes normalen Menschen gehört es ja wohl, dass er eine **Sturm-und-Drang-Phase** hat. Da bin ich jetzt, na und?!«

(Als 39-Jähriger)

»Vielleicht bin ich der Lautsprecher der Liga. Aber ich sage allen, die an irgendwelchen Knöpfen zu drehen versuchen: Ich schalte mich selber an – oder auch nicht.«

»Wir haben ungefähr 27 Gruppen im Kader. Wir treten an unter der Prämisse der **Artenvielfalt**.«

»Wie soll ich mich fühlen!? Ich freue mich immer über Niederlagen!«

(Nach einer Niederlage auf seine Gefühle angesprochen)

»Der Erfolg eines Klubs fängt dort an, wo auch der Platzwart zum Siegertyp wird.«

Juli 1988: Im Trainingslager in Garmisch-Partenkirchen wird ein Heimatabend veranstaltet und auch Trainer Christoph Daum besorgte sich ein Trachtenkostüm.

Starschnitt Thomas Doll

»Heimat ist nicht die Frage! Ich spiele überall, und mir stehen alle Klubfarben. **Da bin ich gern wie ein Chamäleon.**«

»Wir müssen vor dem Tor einfach COOLER sein, einfach HEISSER.«

RUND

Maradona
Der verlorene Sohn Gottes

Ecuadors Anden
Fußball auf 4000 Metern Höhe

Totale Kontrolle
Warum sich immer mehr Fans wie Verbrecher fühlen

HSV-Trainer Thomas Doll
Sympathisch, euphorisch, kreativ – wie der 40-Jährige einen ganzen Klub verändert

»Die Fans stehen hinter ihm, **wir halten ihm weiter die Stange.**«

(HSV-Fan auf die Frage, wieso Thomas Doll weiter Trainer bleiben solle)

»Zurzeit schießen wir den gegnerischen Torwart berühmt.«

(Nach mehreren Spielen ohne Torerfolg)

»Meiner Tochter sind die Milchzähne ausgefallen. Das war schöner als der eine oder andere Fallrückzieher.«

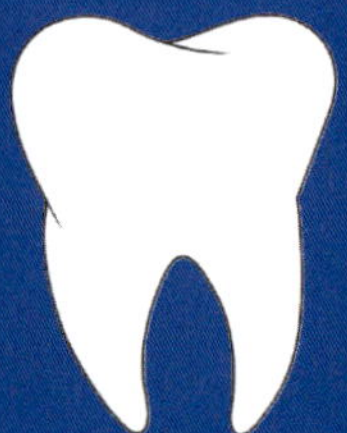

(Thomas Doll auf die Frage nach dem für ihn wichtigsten Ereignis 2005)

Starschnitt
Thomas Doll

»Dass wir in der Bundesliga nicht gut stehen und auch einige Spiele nicht gut gespielt haben, das wissen wir. Aber dass man nicht mal anfängt und sagt: **Geile Kiste, internationaler Fußball, Finale, gut aus der Affäre gezogen. … Nein, es geht nur, nur … Wenn man was Schlechtes sehen will, sieht man was Schlechtes.** Wenn man die andere Seite sehen will, kann man vielleicht auch mal die andere Seite sehen. Und das ist das, was mich so ärgert. Wir sollen jetzt am Freitagabend eine Mannschaft auf den Platz bringen, die durchs Feuer geht, aus der aber acht Mann hier eigentlich gar keine Rolle mehr spielen.

Da lach ich mir doch den Arsch ab. Echt.«

»Ich brauche keinen **Butler**. Ich habe eine **junge Frau**.«

Starschnitt

Gert »Charly« Dörfel

Saison 1964/65: Beim Hamburger SV ist Stunk in der Mannschaft. Abstiegssorgen in der Liga und schwere Verletzungen bei Torwart Horst Schnoor – er wird von einem Mitspieler so unglücklich getroffen, dass er monatelang ausfällt – und Torjäger Uwe Seeler – der nach einem Achillessehnenriss sieben Monate ausscheidet – lassen das Team eh Trübsal blasen. Als Gert »Charly« Dörfel auch noch mitten in der Krise nur an sich denkt und seinen Vertrag kündigt, rebelliert die Mannschaft. Niemand will mehr mit dem Linksaußen gemeinsam auf dem Platz stehen. Dörfels Motiv, durch die Kündigung mehr Geld rauszuschlagen, bringt auch die Zuschauer gegen ihn auf.

Als herauskommt, dass Dörfel einen Vorschuss einfordert, um eine Parfümerie zu eröffnen (»Meine Bekannte, die ich heiraten will, arbeitet in dieser Branche«), veröffentlicht eine Zeitung ein Bild Dörfels mit seinem gerade frisch erworbenen Auto, ein rotes Volvo-P-1800-S-Sportcoupé (»Neupreis: 18.300 Mark«). Am Ende bleibt Dörfel nur noch ein Ausweg: Er muss seine Kündigung zurücknehmen, um reumütig in den Kreis der Mannschaft zurückkehren zu dürfen. Aus der Traum von den schönen Düften. Doch schnell findet Charly eine neue Geldquelle. Er nimmt eine Single mit den einprägsamen Titeln »Das kann ich dir nicht verzeih'n« und »Erst ein Kuss« auf und sorgt so für akustische Genüsse.

Der HSV-Star ist so ein bisschen der Klassenclown der Bundesliga, immer auf der Suche nach dem nächsten Auftritt. Nach seiner Karriere sagt Dörfel über sich selbst: **»Ich war ein großes, verspieltes Kind, die Ernsthaftigkeit hat oft gefehlt.«** Er liebt die spektakulären, die außergewöhnlichen Momente des Fußballs. Wenn er, die Melodie von »Horch, was kommt von draußen rein?« pfeifend, an seinem Gegenspieler vorbeispurtet, sieht man ihm den Spaß, den er dabei hat, an. Vielleicht wäre aus Charly Dörfel auch ein toller Entertainer abseits des Platzes geworden. Doch als er mit dem Fußball aufhört, findet er selbst, dass er den richtigen Zeitpunkt dafür verpasst hat. Dennoch träumt er von dieser Laufbahn ein Leben lang: **»Mit einer richtigen Ausbildung im Koffer hätte ich bestimmt im Zirkus auftreten – oder nach Hollywood gehen können.«**

Am 30. Oktober 1968 wird Charly Dörfel im Hamburger Volksparkstadion vor 30.000 Zuschauern von Schiedsrichter Edgar Deuschel aus Ludwigshafen des Feldes verwiesen. Der bekannte Nationalspieler und populäre Schlagersänger Dörfel antwortet nach einem Foulspiel an einem Gegenspieler auf die Frage des Schiris »Wie heißen Sie?« mit einer knappen, aber leider falschen Antwort: »Schulze.«

Charly Dörfel im Tonstudio

Starschnitt
Norbert Dickel

»Ich esse gerade, du kannst doch nicht verlangen, dass ich schon wieder auf Ballhöhe bin.«

(Norbert Dickel, kauend, als Co-Kommentator im Internetradio)

»Jetzt muss sich Ricken **gegen eine 70-Mann-Mauer durchsetzen**.«

»So eine Scheiße!
Boris, wir sind zu löchrig hinten!«

(Kommentiert im BVB-Fan-Radio mit Boris Rupert das entscheidende Tor von Ailton beim Ruhrderby.)

»Ich muss hier mithüpfen, sonst bekomme ich noch Bier in den Nacken geschüttet.«

(Als Co-Kommentator im Internetradio)

E

Starschnitt
Stefan Effenberg

»Auch wenn es unmöglich ist, ist es noch möglich.«

»Wir haben uns auf jeden Fall vorgenommen, Druck zu machen und das zweite Tor nachzulegen.«

(Auf die Frage, was sich die Mannschaft beim Halbzeitstand von 2:0 für die zweite Hälfte vorgenommen hätte)

»Adidas – zwei, drei Tage Arbeit im Monat. **So wie Klinsmann.«**

(Über zukünftige Job-Pläne)

»Wenn wir manchmal so spielen würden, wie er singt, dann wären wir ganz oben.«

(Über Rod Stewart)

»Gibt man ihr den Schlüssel, findet sie ihr Hotelzimmer allein. Sie weiß auch, wie der Wasserhahn aufgeht.«

(Über seine Frau)

Stefan Effenberg als Laienprediger

»Ich habe ein verflucht großes Problem: **Ich bin immer ehrlich.«**

»Ich würde das schon gerne tun. Um sieben Uhr ins Büro, bisschen saubermachen, dann trainieren, und wenn die hier auf der Geschäftsstelle dann fertig sind, komme ich und mache wieder sauber. Kein Problem.«

(Auf die Frage, ob er sich vorstellen könnte, als Profi wie normale Arbeitnehmer acht Stunden täglich zu arbeiten)

Stefan Effenberg mit Ehefrau und DFB-Pokal

»Wenn ich zur Ecke gehe, das weiß jeder, dann kommen Feuerzeuge und Geldstücke geflogen. Das war ein Zeichen, dass man dies eigentlich nicht machen sollte. Zumal nach der Euro-Umstellung viele nicht mehr so viel Geld in der Tasche haben. Da sollten die Leute lieber das Geld in der Tasche behalten, anstatt es zu mir zu werfen. Nicht zuletzt wegen der Steuererhöhung und was alles noch so kommt.«

(Als Erklärung für seine Scheibenwischergeste zu den Zuschauern in Bochum)

»Hitlers Tagebuch. Das hat mich dann doch interessiert.«

(Bei der Vorstellung seines Buches auf die Frage, welches Werk der Weltliteratur ihn besonders geprägt habe)

»In 15 oder 20 Jahren, da leben wir beide schon gar nicht mehr …«

(Zu einem Journalisten)

»Ab sofort wähle ich Stoiber.«

(Als er erfuhr, dass ihn Edmund Stoiber im Duell mit Michael Ballack als Sieger gesehen hatte)

Starschnitt
Günter Eichberg

Jahreshauptversammlung 1989: Günter Eichberg, Peter Neururer und Charly Neumann

»Ehe ich überhaupt eine Summe sagen konnte, hatte Eichberg schon das Doppelte geboten.«

(Peter Neururer über die »Gehaltsverhandlungen« mit seinem Präsidenten auf Schalke)

»Herr Eichberg hatte Vorstellungen vom Reichsein, wie man sie aus schlechten Filmen kennt.«

(Bernd Tönnies, sein Nachfolger als Präsident auf Schalke)

Mitte 1990 kursiert auf Schalke unter den Spielern folgender Witz über den »Sonnenkönig« Günter Eichberg: **Nachts in der Sahara. Ein Mann zündet sich eine Zigarette an. Drei Kilometer weiter entfernt steht Günter Eichberg und lächelt sofort. Er dachte, es sei ein Fotograf mit Blitzlicht!**

»Er kann nicht nein sagen. Wenn er eine Frau wäre, **hätte er bestimmt schon 20 Kinder.«**

(Charly Neumann über seinen Freund Günter Eichberg)

Schalkes Präsident Günter Eichberg kommt Anfang November nach einer 14-tägigen Geschäftsreise aus den USA zurück und zeigt sich nach dem ersten Blick auf den neusten Schuldenstand des S04 etwas erstaunt:

»Ich dachte zuerst, unser Schatzmeister hätte jeden Tag eine Million durchgebracht!«

Charly Neumann erzählt einmal auf einer legendären Schalke-Kassette aus dem Jahre 1991: **»Als der Präsident Günter Eichberg zu uns kam, war Schalke mausetot. Der Verein hatte kein Geld mehr für Waschpulver. Und dann plötzlich kam der große Guru aus Düsseldorf, wo wir dachten: Meine Güte, was ist das für einer? Mit 'nem Fahrer lässt er sich vorfahren. Von der ›High so sight‹ aus Düsseldorf, das wird nie ein Schalker. Ich selbst kann euch eins sagen: Ich hatte die größten Bedenken, Freunde. Heute, nachdem er zwei Jahre bei uns ist, muss ich sagen: Er war ein Geschenk des Himmels!«**

»Eine tote Maus wird nicht mehr gebraucht.«

(Günter Eichberg über das Thema Trainerwechsel)

»Eine Schachtel weniger in der Woche paffen, für Schalke«, bittet Präsident Eichberg die Fans, als man die Mitgliedsbeiträge mal wieder erhöht.

Starschnitt Dieter Eilts

Eine der seltsamsten Roten Karten der Bundesligageschichte kassiert Dieter Eilts bei einem 0:0 in Bochum in der Saison 1989/90. In der 88. Minute zieht der Bochumer Olaf Dressel an ihm vorbei, und als Eilts erkennt, dass er nicht mehr an den Ball kommt, bremst er ab. Leider fällt Dressel in diesem Moment zu Boden. Schiedsrichter Kurt Witke zögert keine Sekunde und zeigt dem Bremer die Rote Karte. Als der VfL Bochum am Abend zu Gast im »Aktuellen Sportstudio« ist (die Sendung wird aus der nahegelegenen »Starlight Express«-Musicalhalle übertragen), gibt Dressel zu:

»Ich bin wegen eines Krampfs gestürzt!«

»Wenn meine **Oma ein Bus wäre**, dann **könnte sie hupen**!«

(Auf eine Hätte-wenn-und-aber-Frage eines Journalisten)

»Der einzige Zappelphilipp, den ich mag: der Ball, wenn er im Netz zappelt.«

»Ich bin ins Spiel gekommen und habe für die Wende gesorgt.«

*(Er war beim Stand von **2:0 für Werder** gegen Unterhaching eingewechselt worden. **Endstand: 2:2**)*

»Moin, moin, Gascoigne.«

(Bei der EM 1996 zu seinem Gegenspieler Paul Gascoigne)

Starschnitt
Lothar Emmerich

»Ich habe nicht einfach drauf-
geknallt, sondern instinktiv
die Lage gepeilt und den
richtigen Winkel gewählt.«

(Lothar Emmerich über sein »Jahrhunderttor«)

Mai 1966. Riesenjubel in Dortmund. Die Menschen stehen am Straßenrand Spalier für die siegreiche Mannschaft, die vor Glück strahlend in Cabrios durch die gelb-schwarz beflaggte Stadt gefahren wird. In einem Auto sitzen Lothar Emmerich, Aki Schmidt und Stan Libuda zusammen und recken stolz den Europapokal nach oben. Lachend dreht sich Aki Schmidt irgendwann an diesem herrlichen Tag zur Seite. Er schaut ins tränenüberströmte Gesicht von Stan Libuda. Mann, denkt sich Aki, der ist ja voller Emotionen. Den hat es richtig gepackt. Und er beugt sich zu Libuda hinüber und will ihm gerade etwas ins Ohr flüstern, da raunzt dieser ihm durch die nur spaltbreit geöffneten Zähne zu:

„Halt bloß die Schnauze, Aki. Der Emma hat mir in die Eier gezwickt!“

Starschnitt
Buffy Ettmayer

Fast das ganze Fußballerleben des Spielers Johann Ettmayer, den alle nur »Buffy« rufen, wird von einem Thema beherrscht: seinem Gewicht. Kein Wunder, denn »Buffy« heißt auf Tschechisch so viel wie Dickerchen. Ein Spitzname, den ihm sein ehemaliger Trainer Leopold Šťastný verpasst hat. Lange kämpft Ettmayer gegen das Image des behäbigen Profis an, doch irgendwann hat er genug und geht verbal in die Offensive: ***»Einen dicken Hintern werde ich immer haben, und mit dem Ruf, dass ich nicht laufen und kämpfen kann, muss ich halt leben.«***

Dabei ist Ettmayer in Wahrheit einer der Flinksten: Vor der Saison 1974/75 läuft er gegen den »schnellen Polizisten« Heinz Stickel zu später Stunde ein Rennen über 100 Meter. Die Prämie von 50 Mark holt sich der stets etwas füllig wirkende Ettmayer in einer hervorragenden Zeit. Nach 12,3 Sekunden überschreitet er die Ziellinie. So gut der Start in die Spielzeit ist, so schlecht geht sie weiter. Die Saison wird zu Ettmayers persönlichem Debakel. Nach einem spektakulären 5:5 bei Eintracht Frankfurt richtet VfB-Trainer Hermann Eppenhoff das Wort an seinen auf die Tribüne verbannten Star: »Und wenn der Ettmayer noch so gut spielte – erst wenn er den Einsatz bringt, den heute alle meine Spieler gezeigt haben, wird er vom Publikum, von der Presse, der Mannschaft und mir wieder voll akzeptiert!«

»Buffy« Ettmayer auf dem Cover des »kicker« im März 1974

Was Ettmayer neben seinen Toren beim Publikum so beliebt macht, sind seine Sprüche. Obwohl er Schuhgröße 43 hat, trägt er seine Fußballtreter stets zwei Nummern kleiner: ***»Ich wollte immer ein Kondom an den Füßen haben, sonst hast du ja kein Gefühl.«*** Und als VfB-Trainer Albert Sing zu ihm sagt: »Es gibt Bilder, da warst du dünner«, kontert Ettmayer launig: ***»Die sind wahrscheinlich mit einer Schmalfilmkamera gemacht!«*** Nach seinem Karriereende lässt es sich Ettmayer gut gehen – man sieht es ihm an. Doch dem österreichischen Starspieler ist es gleich. Er erzählt: ***»Wenn ich heute auf eine Waage steige, sagt die sofort: ›Bitte nicht in Gruppen benutzen!‹«***

»Letzte Woche war ich noch ein Meerschweinchen, jetzt sehe ich aus wie eine Sau. Der Grund: Ich habe 200 Gramm zugenommen.«

»Ich bin der einzige Österreicher, der seinen Rucksack vorne trägt.«

(Über sein Gewichtsproblem)

»Sepp Maier, Ente Lippens und ich – wir sind Viecher. Und die Leute wollen beim Fußball halt auch was zu lachen haben.«

Starschnitt
Yves Eigenrauch

»Für sechs Mille hätte ich den Pass auch nicht gespielt.«

(Günter Schlipper zu seinem Mitspieler Yves Eigenrauch, der eigensinnig den Ball vertändelte, aber auch deutlich weniger Gehalt bekam als Schlipper)

»Es ist deswegen noch niemand auf dem Platz gestorben.«

(Nach einer miesen Leistung)

Yves Eigenrauch prägte mit seinem Auftreten das Bild des **»etwas anderen Fußballprofis«**. Auch deshalb widmet ihm im Jahr 2000 die Band »Tomte« die Ode **»Yves, wie hältst du das aus?«** mit den Zeilen: **»Das hier sind nur die Spuren einer Zeit, die 180 fährt. Wie mit Kicken, wenn man sich noch nicht mal warmlaufen darf. Yves, wie hältst du das aus?«**

»Fußball ist, wenn man in der Halbzeit für ein Würstchen in der Schlange stehen muss.«

Panini Premium Card aus der Saison 1995/96

»Der Eigenrauch kam am Montag zufällig vorbei, da haben wir für drei Jahre verlängert.« *(Rudi Aussauer)*

»Was werde ich schaffen? Jobbe ich in einer Kneipe, werde ich Kioskbesitzer oder gar Bildender Künstler? Journalist? Nichts werde ich nie mehr sein können. Im Zweifelsfall bin ich mein Leben lang derjenige, der mal in einem UEFA-Cup-Spiel für Schalke jenen glorreichen Ronaldo bespielt hat.«

(In Gedanken über das Leben nach der Karriere)

F

Starschnitt
Karl-Heinz Feldkamp

Andreas Brehme erinnert sich an eine Anekdote aus den Anfangstagen seiner Karriere: »Ich war mit Norbert Eilenfeldt abends auf ein Bier unterwegs. Um 23 Uhr war Bettruhe angeordnet. Dummerweise hatten wir uns verspätet, etwa 30 Minuten. Mit dem Mannschaftsbus war schon nach uns beiden gesucht worden, als wir im Quartier auftauchten. Heimlich, still und leise wollte ich mich in mein Bett schleichen. Da lag zu meinem Entsetzen aber Kalli Feldkamp drin, der auf mich gewartet hatte. Ich hatte meinen Namen für Sekunden vergessen, so bin ich von Feldkamp zurechtgestaucht worden.«

Karl-Heinz Feldkamp wird in Kaiserslautern von Präsident Udo Sopp mit Geschenken verabschiedet: »Der Sekt soll dich an die prickelnde Atmosphäre auf dem Betzenberg erinnern, das Halstuch soll dir helfen, die Tränen abzuwischen, die du dem 1. FCK nachweinen wirst, und die Krawatte erhältst du, damit du auch in Dortmund gut gekleidet auftreten kannst.«

»Das ist doch immer wieder dasselbe: Da treten manche Spieler nur einmal in der Saison in Erscheinung – auf dem **Mannschaftsposter** ganz zu Beginn der Saison.«

»Man muss ihn **hautnah** nehmen, sonst wird's schwierig.«

»**Klug** wird man als Trainer hinterher, aber klüger ist man meistens vorher.«

»Mit jungen Talenten bin ich erst mal **sehr vorsichtig**. Schon so mancher, der zunächst mächtig Staub aufwirbelte, war, als sich die **Staubwolke** verflüchtigt hatte, nicht mehr auffindbar.«

Starschnitt

Klaus Fischer

»Ich besaß als Kind nur ein einziges Spielzeug, **es war ein Ball.**«

Klaus Fischer ist schwer verletzt, Schalke steht kurz vorm Abgrund, und Kapitän Bernd Thiele sehnt den Stürmer mit allen ihm zur Verfügung stehenden Mitteln herbei: **»Ich schließe ihn jeden Abend in mein Nachtgebet mit ein!«**

Alfredo di Stefano ist hin und weg:

»Ich habe ja auch viele, viele Tore in meiner Laufbahn geschossen, aber dieser Fischer ist ein Mittelstürmer von besonderer Güte, **ein Mittelstürmer der Extraklasse**!«

»Der Klaus ist ein ehrlicher Kerl. Der ist für mich wie der Bayrische Wald. Für den würde ich sogar in den Krieg ziehen!«

(Vereinswirt Gerhard Bosch über Klaus Fischer)

»Über Schalke wusste ich damals noch nicht viel. Ich kannte den legendären Stan Libuda und wusste, dass Klaus Fichtel in der Nationalmannschaft spielte, aber über das Ruhrgebiet an sich habe ich mir keine allzu großen Gedanken gemacht, obwohl meine Mutter mir gesagt hatte: **›Wenn du da hochgehst, kannst du kein weißes Hemd mehr anziehen.‹**«

(Klaus Fischer, bevor er aus dem bayrischen Zwiesel zum FC Schalke 04 kam)

Schalke ist in der UdSSR im Trainingslager. Stürmer Klaus Fischer fühlt sich nicht wohl und muss aufs Klo. Doch da verklebt etwas die WC-Brille. Schnell rennt er hinüber zum Zimmer von Erwin Kremers: **»Erwin, darf ich mal bei dir auf die Toilette? Meine hat das Rote Kreuz gesperrt!«** Kremers guckt etwas verdutzt, aber erlaubt seinem Mannschaftskameraden natürlich den Gang auf sein Klo. Doch da kommt Fischer schon wieder aus dem WC herausgestürmt: **»Mist, deine Toilette haben sie auch gesperrt!«** Kremers läuft neugierig aufs Klo und kann sich vor Lachen gar nicht mehr beruhigen. Über die Toilettenbrille ist eine Schutzfolie gespannt, auf der ein Kreuz prangt – die in Hotels damals übliche Markierung für ein gereinigtes WC!

»Ich lese keine Bücher.«

(Auf die Frage nach seinem Lieblingsbuch)

Starschnitt

Jan Åge Fjørtoft

»Ich habe das erst für Kritik an meiner Person gehalten. Alle sagen immer, dass ich langsam sei. Deshalb dachte ich, die Fans wollten mich zum Rennen animieren.«

(Zu einem Plakat mit der Aufschrift ***»Fjørtoft darf nicht gehen«****)*

»Branco tanzt und ich grätsche. Das ist der Unterschied zwischen **Kamerun und Norwegen.«**

»Wenn man zurückschaut, freut man sich nur noch, ich kann mich gar nicht mehr erinnern, dass es bei Magath hart war, aber ich glaube schon.«

»Hat es so ausgesehen, als ob ich das könnte? Ich glaube nicht …«

(Über seinen »Löwentanz-Jubel« nach einem Siegtreffer gegen Bayern)

»Ich sterbe aus.«

(Über den Verlust der Typen in der Bundesliga)

»Ich hoffe, dass bei der Eintracht endlich einmal Ruhe einkehrt. Aber das ist so wahrscheinlich, wie dass Elvis in Stabaek rockt!«

(Jan Åge Fjørtoft)

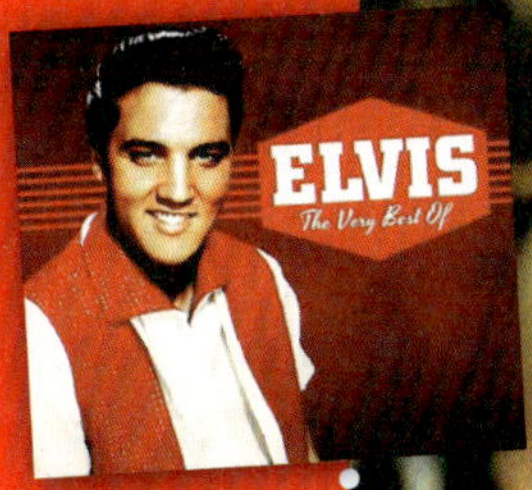

November 1998: Jan Åge Fjørtoft im Duell mit Dortmunds Julio Cesar

»Ich halte nix von Sex vor dem Spiel, besonders weil ich mir das Zimmer mit Salou teile.«

(Jan Åge Fjørtoft)

»Wenn ich einen Traum frei hätte, wäre es: **Eintracht Frankfurt ist unabsteigbar**. Als erste Maßnahme wird Fjørtoft dazu verpflichtet, in jedem Spiel mindestens fünfmal vor herausstürmenden Torhütern den Übersteiger zu spielen. Ab Januar spielen Rivaldo und Beckham für die Eintracht. Die angespannte finanzielle Situation treibt den beiden die Tränen in die Augen und sie sind bereit, ehrenamtlich tätig zu werden.«

(Finanzminister Hans Eichel)

»Dann lebe ich in Oslo, spiele immer noch Fußball und bin immer noch so langsam …«

(Auf die Frage, was er mit 85 Jahren machen werde)

Starschnitt

Heinz Flohe

Artikel im »fußball magazin«

Heinz Flohe fährt den SILBERPFEI

Sein Auto kostet noch nicht einmal 20 000 Mark, es ist ihm trotzdem gut und teuer. Sein Auto fährt noch nicht einmal 200 km/h, er findet es trotzdem schnell. Heinz Flohe ist mit seinem silbergrauen Alfa zufrieden, doch das ist nicht der einzige Grund, warum er der italienischen Automarke so lange treu blieb.

94

Heinz Flohe lobt den RWE-Akteur Hansi Dörre etwas um die Ecke gedacht: **»Sein Ruf ist schlechter als seine Spielweise!«**

Nach der Partie des FC Bayern beim 1. FC Köln klopft **Paul Breitner** zwei Minuten nach Spielschluss an die Kölner Kabinentür. Trainer Lorant öffnet und schaut den Profi des FC Bayern verdutzt an. »Das ist das Rezept für Flohe!«, drückt er dem Übungsleiter einen Zettel in die Hand und geht. Vor dem Spiel hatte Flohe über seinen Dauerhusten geklagt, und Breitner hatte ihm ein Rezept versprochen, das bei ihm geholfen hatte. Das ist wahre Kollegialität unter Profis, die selbst FC-Trainer Lorant staunend zurücklässt.

Aller Anfang ist schwer: Noch nicht da und doch wird **Paul Steiner** in Köln schon gehasst. Sein Foul an der FC-Legende **Heinz Flohe** hat niemand vergessen. Und nun soll der Duisburger zum FC wechseln. Nicht mit den Fans. Die stimmen beim Spiel des MSV in Köln »Flohe«-Rufe an, schreien »Steiner, du Sau!« und halten Transparente hoch: »Rache für Flohe – Steiner, du Sau, bleib beim MSV«. Und was sagt Steiner? Er macht sich bei den FC-Anhängern noch ein bisschen beliebter: »Hätte sich mir die Chance zum Tor geboten, ich hätte sie genutzt. Da gibt's nix!«

Starschnitt Torsten Frings

»Zurzeit verliere ich sogar Laufduelle gegen meine kleinen Töchter.«

(Im Aufbautraining)

»Was willst du denn von mir, du Lutscher?!«

(Während des ersten Trainings bei Werder Bremen zu Andreas Herzog)

»Ich hatte einen Hals ohne Ende.«

»Frings mit links! Reimt sich zwar, ist aber leider nicht sein starker Fuß.«

(Heribert Faßbender)

»Torsten Frings ist katholisch, der würde nie nach Italien wechseln. Da müsste er ja sonntags arbeiten.«

(Norbert Pflippen, Spielerberater)

Torsten Frings auf die Frage, wie man denn am besten einen Angriff der gegnerischen Mannschaft unterbindet: **»Dann muss man seinem Gegenspieler eben mal zufällig in die Hacken laufen.«**

Starschnitt
Walter Frosch

Walter Frosch hat in der Nacht etwas länger **in der Kneipe** verharrt, als es vor einem Training eigentlich angebracht gewesen wäre. Als er hoch zum Betzenberg fährt, steckt er sich genüsslich **eine Kippe** an, die genau in dem Moment zu Ende glüht, als er vor den Umkleiden ankommt. Ohne zu schauen, nutzt er das geöffnete Fenster, um **den Stummel hinaus** auf die Straße zu befördern. Dumm nur, dass in diesem Moment **Trainer Erich Ribbeck** vorfährt und sein **Cabrio** als **Aschenbecher** umfunktioniert wird. Frosch duckt sich weg, aber das hilft nichts. Ribbeck raunt ihm nur ein bitter-süßes **»Warte nur, mein Freundchen!«** zu. Eine Viertelstunde später absolviert Walter Frosch ein **privates Straftraining** im Stadion. Ribbecks einfache Anweisung: »Pack dir den Briegel auf die Schultern und renn die Stufen hoch, so weit du kommst.« Und Frosch kommt unter den staunenden Augen von Ribbeck bis **ganz nach oben** – zweimal sogar, dann **muss er sich übergeben.** Briegel klopft

Dezember 1974: Schornsteinfeger wünschen Walter Frosch zum Einstand auf dem Betzenberg viel Glück.

ihm kurz auf den lädierten Rücken und sagt: »Lass gut sein!« Doch Frosch bückt sich bereits wieder: **»Spring drauf, Langer, den Spaß gönn ich dem Ribbeck nicht!«** Und mit festem Schritt lief Frosch ein drittes Mal mit Briegel auf den Schultern die Stufen hinauf. Dann ließ er seinen Mitspieler absteigen, setzte sich auf eine Stufe und **grüßte von oben seinen Trainer.** Dabei führte er seinen Mittel- und Zeigefinger zum Mund. **Ganz so als ob er sich eine Zigarette angesteckt hätte.**

»Mein schwerster Gegner war immer die Kneipe!«,

ist das wohl legendärste Zitat des am 23. November 2013 verstorbenen Walter Forsch.

Starschnitt

Friedhelm Funkel

»Generell gilt:
Spieler, die sich zu viele Gedanken machen, vergessen, dass Fußball ein ganz einfaches Spiel ist.**«**

»Vielleicht fällt ja noch einer vom Baum. Dann halten wir das Netz darunter und fangen ihn auf.«

(Über die Suche nach neuem Personal)

»Das kostet viel Geld. Da kann ich mir im Sommer wieder einen Spieler weniger leisten.«

(Nach Fanrandale)

»Der Sieg war hoch verdient. Dabei haben wir noch nicht einmal **Beton** angerührt.«

»Ich kann die Leute ja **nicht mal mehr schwimmen gehen** lassen.«

(Zur Verletzungsmisere seiner Mannschaft)

»Wer jetzt noch **träumt**, ist ein **Träumer**.«

»Wir haben uns **dilettantisch wie eine Schülermannschaft** angestellt, wobei ich nichts gegen Schüler habe.«

Zu Uerdinger Zeiten hat Friedhelm Funkel einmal in einem Werbefilm mitgespielt: Der bärtigste Trainer der Liga als Superman. Strenger Scheitel, und die Hoden unter den roten Shorts eng zusammengedrückt. »Natural Born Winners« haben sie damals den Klassiker der Kinospotwerbung genannt. Funkel musste dafür nicht nur die ihm auf den Leib geschriebene Paraderolle Superman, sondern auch den charmanten Humphrey Bogart geben. Mit einem schicken Hut auf dem Kopf und einem Trenchcoat um die Lenden sagt er dann auch den berühmten Satz »Schau mir in die Augen, Kleines« zu einer völlig elektrisierten Blondine.

»Ich habe früher auch Elfmeter gegen Leute geschossen, die ich **1.000 Jahre** kannte.«

(Nachdem sein Spieler gegen einen alten Bekannten verschossen hatte)

Trainer Friedhelm Funkel gut gelaunt in weiblicher Begleitung anlässlich der Karnevalssitzung der Kölner Haie (Februar 2009)

Starschnitt Klaus Fichtel

»Klaus Fichtel musste meistens im Spiel einmal pinkeln. Der ist dann im Parkstadion hinters Tor gelaufen, hat so getan, als ob er was gehabt hätte, hat dann gepinkelt und ist dann wieder aufs Spielfeld gelaufen. Das kann man heute nicht mehr so machen.«

(Rüdiger Abramczik)

»Mein täglicher Mittagsschlaf.«

(Über das Geheimnis seiner 552 Bundesligaspiele)

»Der Wald stirbt – die Tanne steht!«

(Fanplakat auf Schalke für Fichtel, der noch mit 43 Jahren auf dem Platz stand)

»Berlin gut und schön. Ich bleibe lieber im Westen. Ich würde selbst ein Angebot Schalkes oder eines anderen Westklubs akzeptieren, das um 20.000 Mark niedriger liegt als das Berlins oder Bayerns.«

Schalker Stopper Klaus Fichtel: „Einmal und nicht wieder!"

G

Starschnitt ……………… Hermann Gerland

»Ich war immer froh, dass Hermann bei uns in der Mannschaft gespielt hat. Wenn ich im Training gegen Hermann spielte, das war schon … der ging ja ran wie Ferkels Wilhelm. Ob das jetzt Training war oder Spiel, er war immer gleich. Immer den Katzenbuckel und dann kam er. Manchmal war es auch einfach, Hermann ein bisschen zu verarschen. Da wurde er ja noch ösiger und dann hab ich gesagt: **Hermann, komm, ich geh jetzt nach hinten, turn du mal da vorne rum.**«

(Jupp Kaczor)

»Wenn **Ente Lippens** den Hermann gesehen hat, dann wäre der am liebsten gar nicht aufgelaufen.«

(Jupp Tenhagen)

»Immer wenn ich Hermann gesehen habe, habe ich gesagt: ›Guck mal, da kommt Quasimodo!‹ Das war einer der wenigen, gegen den ich überhaupt nicht spielen konnte. Ich weiß nicht, woran es gelegen hat, aber der war ja so was von schnell. Wenn der seinen Buckel machte und abging wie ein Pfeil. Den habe ich an der Mittellinie umspielt, bis zum Sechzehner viermal, der war immer wieder da. Beim fünften Mal hat er mir dann den Ball abgenommen.«

(Willi »Ente« Lippens)

Hermann Gerland beim 4:1-Sieg des VfL gegen Borussia Dortmund in der Saison 1978/1979

»Hermann hat mit 23 einen Spruch gemacht: **›Ich bin in Weitmar geboren, ich will in Weitmar sterben.‹** Mit 23 Jahren, das muss man sich mal reintun.«

(Konditionstrainer Erich Klamma)

Hans Walitza und Hermann Gerland verfolgen skeptisch das Spielgeschehen (Oktober 1973).

Hermann Gerland hat einmal erzählt, wie es früher auf dem gefürchteten Betzenberg für die Gastmannschaft zuging: »In Kaiserslautern, als ich da gespielt habe, da flogen Fledermäuse durchs Stadion. **Fledermäuse**. Und dann stand da ein Linienrichter, da war einer von denen drei Meter abseits, da hat der gewagt, die Fahne zu heben; der hat die Fahne gehoben. Aber nur einmal. Beim zweiten Mal stand einer sechs Meter abseits, da stand der Opa mit der Krücke da und hat gemeint, ich habe doch schon beim ersten Mal gesagt: **›Hebst du noch einmal die Fahne, Junge, ich hau dir mit der Krücke die Fahne runter.‹** Und: **Das hat der nicht nur gesagt!**«

Hermann Gerland im Jahr 2011 auf seinem ersten Fußballplatz beim SV Weitmar 09

Starschnitt
Hermann Gerland

Hermann Gerland

Der Bochumer Junge im Trikot des FC Bayern, Hermann Gerland, freut sich ganz besonders über seine erste Meisterschaft: **»Wissen Sie, ich bin ein besessener Fußballer, aber ich hatte noch nie einen Titel gewonnen. Und nun war ich dabei, wenn der renommierteste Verein Deutschlands einen Triumph feiert. Da habe ich an meine Bochumer Zeiten als Profi gedacht, wo Mutter meine Trainingsklamotten waschen musste, und wir Spieler, wir durften uns beim Mittagessen entweder für Suppe oder Nachtisch entscheiden. Da gab es nur entweder-oder, beides kriegte keiner. In mir war immer der Wunsch, einmal sagen zu können: Einer aus Bochum war ein bisschen am Gewinn der Deutschen Meisterschaft beteiligt. Und jetzt stand ich da auf dem Balkon und war überwältigt von dem Gefühl: Junge, du hier oben – es hat sich alles gelohnt!«**

»Ich bin ein altmodischer Trainer. **32 Jahre mit derselben Frau verheiratet, nicht tätowiert, ohne Ring im Ohr, nicht gepierct.«**

»Ich bin froh, dass ich ein Arbeiterkind bin, nach wie vor. Und ich weiß, dass ich beim Kacken die Beine krumm machen muss wie jeder andere auch.«

»Wenn einer die Hosen voll hat, sehe ich das.«

(Um seinen Spielern die Angst vor dem Betzenberg zu nehmen)

»Sie schwitzen ja schon, wenn Sie ein Mikrofon in der Hand halten müssen.«

(Als ihn ein TV-Reporter auf die Schwächen seiner Mannschaft ansprach)

»Nach 20 Minuten waren zwei von denen angeschlagen. Die sind gehumpelt! Aber die sind schneller gehumpelt, als wir gelaufen!«

»Auf Gefühle gebe ich gar nichts. Dreimal hatte ich das Gefühl, einen Sohn gezeugt zu haben, und wir haben drei Töchter zu Hause.«

»Hätte, wenn und aber,
alles nur blödes Gelaber!«

»Bevor man untern Torf kommt, macht man einiges mit im Leben.«

»Die haben doch heute Verletzungen, die gab es bei uns damals gar nicht.«

»Im Training lasse ich sie statt zehn nur neun Runden laufen.«

(Auf die Frage, wie er seine Spieler belohnt)

Starschnitt
Richard Golz

»Glück für Golz,
Ball am Holz.
Aluminium hätte sich hier nicht gereimt.«

(Markus Höhner)

»Jede Minute eines neunteiligen Tanzkurses.«

(Auf die Frage nach dem ***peinlichsten Moment seines Lebens****)*

»Wir haben hier schon öfter gut gespielt und nix geholt.
Es wird Zeit, dass das Stadion ABGERISSEN wird.«

(Nachdem er auch im letzten Spiel im Münchner Olympiastadion verloren hatte)

»Ja klar. Wenn die **A-3-Nationalmannschaft** noch eingeführt wird.«

(Zu seinen Hoffnungen auf Einsätze in der Nationalelf)

»Wir haben mit einem Mann weniger gespielt – ohne Torwart.«

»Sergej Kirjakow.«

(Auf die Frage nach seinem Lieblingsschauspieler; für die Jüngeren: Sergej Kirjakow spielte lange für den KSC in der Bundesliga, anschließend sogar noch für den HSV.)

»Wir sind **nicht** ins Spiel **reingekommen**, **durchschnittlich dringeblieben** und **schlecht** hinten **rausgekommen**.«

»Unheimlich nicht, aber unheimlich schön.«

(Auf die Frage, ob ihm die 474 Minuten ohne Gegentor nicht allmählich unheimlich würden)

»Ich habe nie an unserer Chancenlosigkeit gezweifelt.«

»Praktisch sind unsere Chancen jetzt besser als theoretisch.«

Homestory bei Richard Golz (1996)

Starschnitt
Mario Gomez

»Wir haben schon den Druck gespürt, ich hatte richtig dicke Schenkel, als ich reinkam.«

Bundesliga-Hammer
1. Tor mit Penis geschossen!
Nationalspieler Gomez: „Es tat sehr weh“

»Man kann sich immer verbessern, aber ich kenne meine Stärken und weiß, dass ich komplett bin.«

»Es war irgendwas dazwischen. Und es tat weh.«

(Gomez nach seinem »Penistor«)

»Wir haben einen Außerirdischen mit der Nummer 33, der hätte den Ball auch von der Kabine aus ins Tor geknallt.«

(Ludovic Magnin über den Stürmer. Antwort von Gomez: »Vom Aussehen her ist eher Ludo ein Außerirdischer.«)

»Wir müssen schauen, ob wir in Karlsruhe zwei oder drei Banken ausrauben können, um einen Spieler dieser Qualität verpflichten zu können.«

(KSC-Trainer Edmund Becker)

H

Starschnitt
Ernst Happel

»Mein erster Trainerlehrer hat zu mir gesagt: ›Keine Angst, Ernstl! Bei näherer Betrachtung schrumpft so mancher **wilde Stier** auf ein **harmloses Öchslein** zusammen.‹«

»**Spezialisten** des Fußballs sind nur bedingt einsetzbar. Das beunruhigt mich. **Dilettanten** sind überall einsetzbar. Das beruhigt mich.«

»Wenn man seiner Meinung mal richtig nachgeht, trifft man meist auf eine bessere.«

»Wichtig war für mich, wie ein Verein geführt ist. Je weniger im Vorstand, umso besser. Sind es 18, habe ich sowieso kein Interesse.«

»Für mich hat sich **alles** gelohnt, und ich bereue **nichts**.«

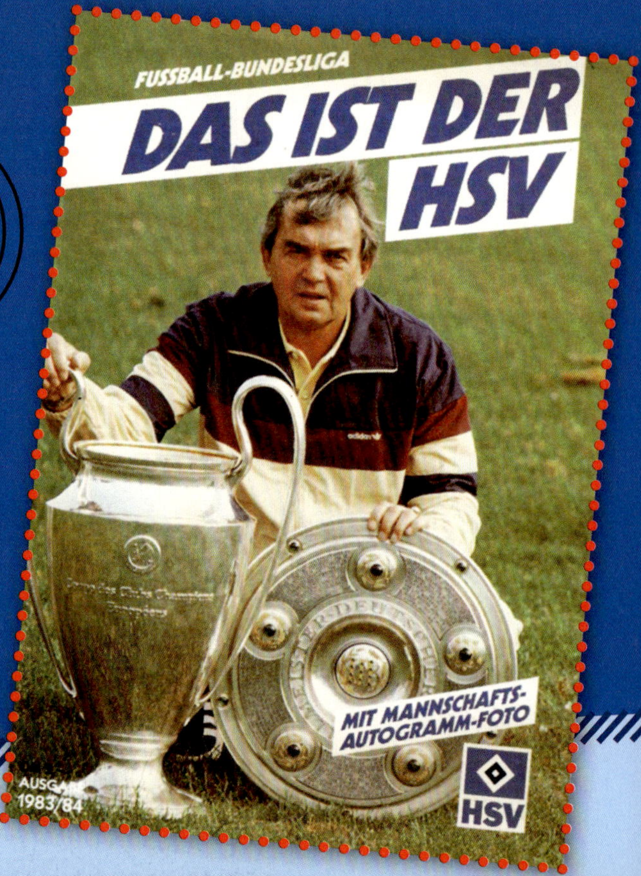

»Spielst Manndeckung, dann hast elf Esel auf dem Platz.«

»Ich möchte nicht, dass der Fußball mein Hobby ist. Da bliebe mir ja viel zu wenig Zeit zum Briefmarkensammeln!«

» Meine schlaflosesten Nächte habe ich jeden Sonnabendnachmittag am Spielfeldrand. «

»Angst steht bei mir in keinem Lexikon.«

»Ein guter Mittelfeldspieler hat **Augen im Rücken**, das ist das ganze Geheimnis.«

»Ich bin kein Freund der Spieler. Ich arbeite auf Distanz.«

Starschnitt

Jimmy Hartwig

»Der Rudi kann nur parzetieren von den Vereinen.«

»Der Mut ist die Hoffnung des Gedankens.«

»Keine Ahnung. Wahrscheinlich habe ich gerade **eine Alte gebumst!**«

(Auf die Frage, wo er denn gewesen sei, als das Sparwasser-Tor fiel)

»Als ich in die Pubertät kam und ich selbst anfing, meinen Körper zu erkunden, wurde es besonders schwierig. Wenn einmal alle – Mutter, Oma, Opa, Onkel Werner und Onkel Karl-Heinz – aus dem Hause waren, onanierte ich unter der Bettdecke, und nicht selten musste ich aufhören, wenn es am schönsten war. Weil ich hörte, wie sich ein Schlüssel in der Haustür drehte. Gelang es mir nicht, rechtzeitig abzustoppen, gab es großes Geschrei: **›Ihhhgitt, du aal' Sau, bäh, des is' ja eegelhaft, des mescht man net! Des mescht ja Flegge‹**, schrie meine Mutter angewidert. Und **batsch**, polierte sie mir die Glatze, wie man bei uns sagte.«

(Aus: Jimmy Hartwig: »Ich möcht' noch so viel tun …«)

Vor dem Spiel des HSV gegen Nürnberg (Saison 1982/83, 3:0) nimmt sich Schiri Wolf-Dieter Ahlenfelder Jimmy Hartwig mal ordentlich zur Brust: **»Aufpassen, heute, aufpassen!«** Was war passiert? Jimmy Hartwig hatte bei der Präsentation seiner neuen Platte »Ich bin immer zu früh« in der ZDF-Hitparade die deutschen Schiedsrichter als **»Chaoten«** bezeichnet. Treuherzig versichert Hartwig dem fröhlichen Ahli: **»Ich habe nicht gesagt, dass alle Schiedsrichter Chaoten wären!«** Das will ihm Ahlenfelder dann auch gerne glauben!

von seinen Tanz-Einlagen nach Torerfolgen des HSV hat er auch schon zwei Platten besungen: Die eine heißt „Mama Calypso" und wurde bereits über 70 000mal verkauft und die zweite trägt den beziehungsreichen Titel: „Ich bin immer zu früh". Mal sehen, ob Ernst Happel ihm die Scheibe vorspielt, wenn er mal zu spät zum Training kommt. Denn die B-Seite heißt: „Ich geh' zur Disco . . ."

»Gern streife ich bis zum frühen Morgen durch Nachtbars, schleppe aber dabei nie wahllos, sondern nur gezielt ab. Trotzdem bin ich glücklich verheiratet.«

Starschnitt Thomas Häßler

»Wir wollten in Bremen kein Gegentor kassieren. Das hat auch bis zum Gegentor ganz gut geklappt.«

»Mit kleineren Füßen ist es leicht, in die Fußstapfen der Großen zu treten.«

Was unsere Leser von Thomas Häßler wissen wollten

Für mich ist Treue kein leeres Wort

Für viele Fußballfans gilt der kesse Thomas als das große Idol heutiger Tage, obwohl der Kölner erst den Karrierebeginn erlebt. Thomas steht mit beiden Beinen auf der Erde und läßt sich so schnell nicht verrückt machen. Für ihn hat das Wort Treue noch Bedeutung — sowohl im Fußball als auch in der Privatsphäre.

Einen Kasten prallvoll mit Briefen mußte Thomas für uns beantworten. Rechts: Privates Glück mit seiner Freundin Angela.

»Herzlichen Glückwunsch an Marco Kurz. Seine Frau ist zum zweiten Mal **Vater geworden**.«

»Wenn man mir die Freude am Fußball nimmt, **hört der Spaß bei mir auf!«**

»Ich bin im Moment sehr zufrieden mit mir. Man kann sich schließlich für die Fehler, die man nicht macht, nicht oft genug begeistern.«

»Eine Drehung mehr, und ich wäre im Rasen verschwunden.«

(Über den sehr tiefen, neu verlegten Rasen im Westfalenstadion)

»Ja, ich sach ma, die Irländer waren am Anfang stark …«

(Nach einem Länderspiel gegen Nordirland)

»In der Schule gab's für mich Höhen und Tiefen. Die Höhen waren der Fußball.«

»Ich bin körperlich und physisch topfit.«

»Wir wurden leider nicht für unser Arrangement belohnt.«

»Ich versuche immer, gut zu spielen, wenn ich die Möglichkeit kriege oder der Trainer mich aufstellt.«

Starschnitt ....

Ronnie Hellström

Der Lauterer Keeper **kann nicht richtig sehen?** Das behauptet Ronnie Hellströms ehemaliger Mitspieler Wolfgang Metzler vor der Partie seines neuen Vereins, 1860 München, gegen den 1. FCK: »Wenn ständig drei, vier Spieler um Hellström herumwirbeln, wird er leicht nervös. Außerdem müssen vor allem unsere Fernbomber aus allen Lagen schießen. Denn aus 20 bis 30 Metern Entfernung sieht Hellström die Bälle wegen eines **Augenleidens** nicht kommen. Wegen dieser Sache wurde er erst neulich wieder zum Augenarzt geschickt.« Natürlich kassiert der Lauterer Torhüter gegen 1860 kein Tor und hält sogar einen Elfmeter.

Dienstag, 24. April 1984, 20.00 Uhr
Betzenbergstadion Kaiserslautern

Fußballfest auf dem Betzenberg:

Ronnie Hellström-Abschiedsspiel

1. FC Kaiserslautern gegen Internationale Auswahl

mit Benny Wendt, Roland Sandberg, Benno Magnusson, Dan Cornelius-son, Conny Torstensson, Hasse Borg, Bo Larsson, Björn Nordquist, Ove Kindvall, Jürgen Grabowski, Klaus Toppmöller, Wolfgang Overath, Sepp Maier, Paul Breitner und Franz Beckenbauer.

Der 1. FC Kaiserslautern und der Deutsche Fußball danken „ihrem" Schweden Ronnie Hellström für 10 Jahre sportliche Glanzleistung im Bundesligafußball!

PORTAS® dankt Ronnie Hellström dem sympathischen Sportsmann! und alle Fußballfreunde wünschen Ronnie alles Gute!

»Ich darf die Summe nicht nennen, sonst werde ich das nächste Mal gesteinigt, wenn ich in Schweden bin.«

(Kaiserslauterns Präsident Müller nach der Verpflichtung von Keeper Ronnie Hellström)

Starschnitt ………………

Hennes I. bis VIII.

Auch Hennes beugt sich den modernen Pay-TV-Zeiten und bleibt bei Auswärtsspielen gerne einmal im heimischen Stall. Per Mercedes, Moped oder im Mannschaftsbus geht es nur noch selten in die Stadien der Republik. Lieber macht es sich Hennes zu Hause gemütlich und schaut auf einem eigens installierten Fernsehgerät im Stall das Spiel seines FC.

»Was kostet der Köter?«, soll einmal ein Anhänger eines auswärtigen Vereins im FC-Fanshop mit Hennes in der Hand gerufen haben. Sekunden später fand sich der Fan ohne Geißbock auf der Straße wieder.

»Die deutsche Mannschaft war so schlecht – hier in Köln hat sogar der Geißbock gekotzt!«

(Harald Schmidt nach einem Länderspiel)

Hennes wurde sogar die zweifelhafte Ehre zuteil, eine Hauptrolle in einem Kinofilm übernehmen zu dürfen. Im Film »Superbullen« wird er entführt – von Bayern-Fans – und soll geschlachtet werden. Und das ausgerechnet vor dem Pokalfinale, »… dass die Profis ohne ihren Talisman gegen die Bayern nur schwer gewinnen können«, wie Schauspieler Tom Gerhardt erklärt. Am Ende geht natürlich alles gut aus. Dank der Superbullen Tommie und Mario!

Starschnitt
Jupp Heynckes

»Solange du die Musik der Spieler noch hörst, kannst du Trainer sein.«

»Vor der Saison hat man mir mitgeteilt, dass wir vorne gut bestückt sind.«

»An Pressekonferenzen mag ich nicht, dass aus einem richtigen Fehler dann meist eine völlig falsche Selbstkritik gemacht wird.«

»Beim Trainerkarussell kommt mir immer die alte Graf-Bobby-Witz-Manier in den Sinn: Graf Bobby und der Poldi fahren Eisenbahn. Bobby sitzt in Fahrtrichtung, Poldi ihm gegenüber. Nach der Hälfte der Strecke sagt Bobby: ›Poldi, lass uns die Plätze wechseln, ich kann dein Gesicht nicht mehr sehen.‹«

»Fußballer sind schöpferische Wesen. Die erschließen sich ständig neue Gebiete, auf denen sie Fehler machen können.«

»Meine Spieler haben heute während des Spiels die **Zeit totgeschlagen** und dabei leider auch einige **Mitglieder der Gegenmannschaft verletzt**.«

»Meine Zukunft ist klar. In zehn Jahren bin ich **Pensionär**. Noch Fragen?«

»Fußballprofis haben Woche für Woche Höhepunkte.«

»Der Wagen ist gewaschen und vollgetankt.«

(Seine letzten Worte nach dem Rücktritt bei Borussia Mönchengladbach und der Rückgabe des Dienstwagens)

»Mein Bruder weint heute noch, wenn er den Namen **Jupp Heynckes** hört.«

(Dieter Hoeneß)

»Hey Heynckes, gehen wir mal gerade vor die Tür!«

(Stefan Effenberg in der Kabine zu Trainer Jupp Heynckes)

»Der glüht ja wieder wie 'ne Osram-Birne.«

(Wolfram Wuttke über Jupp Heynckes' roten Kopf)

»Jeder Wetterbericht ist aussagekräftiger als ein Gespräch mit Heynckes. Der soll lieber Schlafmittel verkaufen.« *(Christoph Daum)*

»Der Jupp Heynckes ist lockerer geworden. Der hatte früher sogar einen Rückspiegel im Bus, um auch auf den hinteren Rängen alles mitzukriegen.«

(Reinhard Saftig)

Starschnitt
Ottmar Hitzfeld

»Ich habe gehört, dass Ottmar Hitzfeld gesagt hat, ich würde ihn im Biertrinken schlagen. Dessen bin ich mir sicher.«

(Udo Lattek)

Der FC Bayern in Lederhosen auf dem Oktoberfest: hinten v.l.: Ali Daei, Stefan Effenberg, Jens Jeremies, vorne v.l.: Ottmar Hitzfeld, Hasan Salihamidzic und Co-Trainer Michael Henke

»Lieber Ottmar Hitzfeld! Keine Angst vor dem Trainerjob beim FC Bayern. Die drei Monate gehen auch vorbei!«

(Kabarettist Ottfried Fischer)

»Wenn man sich in Oberammergau einen Trainer schnitzen lassen müsste, es käme Ottmar Hitzfeld heraus.«

(Karl-Heinz Rummenigge)

»**Ich habe** mit dem **Rücken** ein bisschen Probleme, **wenn der Uli mir** bei den Toren immer **um den Hals fällt**.«

»**Ein Sieg** der Mannschaft macht auch aus mir einen **glücklichen, besseren Menschen**.«

»Der Erfolg ist nicht alles, aber ohne Erfolg ist alles nichts.«

»Das ist doch bloß wieder eine dieser Gruppen, die damit versucht, bekannt zu werden.«
(Über den Song »Bayern« der »Toten Hosen«)

»Es spielen nicht immer die elf Besten, sondern die beste Elf.«

»Das war ein Gefühl wie in der Hochzeitsnacht.«
(Nach einem Sieg in letzter Sekunde)

»Von einem Profi verlange ich, dass er sich stark fühlt. Sonst soll er sich ins Bett legen und von Omi pflegen lassen.«

»Wenn ich bei Bayern fertig bin, muss ich vielleicht für ein Jahr ins Sanatorium.«

Starschnitt
Uli Hoeneß

»Ich traue mir jedes Amt zu, auch das des Papstes. Und technisch würde ich es wohl auch gut machen.«

»Wir haben dieses Feindbild nicht selbst gemacht. Das haben andere aufgebaut, ganz bewusst. Aber wir leben nicht schlecht mit diesem Image. Das Schlimmste, was uns passieren könnte, wäre, wenn uns plötzlich alle lieben würden.«

Hoeneß kaufte auf Schalke auch schon mal keine Spieler.

»Eine Biografie? Von mir? Nein. Never ever! Wenn ich die Wahrheit über das, was ich alles erlebt habe, schreiben würde, müsste man etwa zehn Bände machen – und ich müsste nach der Veröffentlichung nach Australien auswandern.«

»Wenn der Hund und ich mit 40 Fieber krank im Bett liegen, kriegt zuerst der Hund einen Tee.«

(Hoeneß gewährt einen tiefen Einblick in sein Familienleben.)

»Es ist wie beim Film mit **Jack Daniels**: Besser geht's nicht!«
(Uli Hoeneß zur Situation des FC Bayern vor der Winterpause)

»Er ist eine Ikone. Ich kann einer Ikone nicht widersprechen. Aber ob es die Wahrheit ist, ist etwas anderes.«

(Louis van Gaal, nachdem er von Hoeneß kritisiert worden war)

»Der glaubt immer noch, dass er der **Größte** ist. Der kann mich mal am Hobel blasen.«

(Günter Eichberg, Präsident des FC Schalke 04)

»Wenn ein Mensch etwas nicht verdient hat, dann ist das Uli Hoeneß.«

(Lothar Matthäus, sprachlich sehr fein daneben)

»Uli, ich wünsch dir, bleib gesund. Gesundheit ist das Wichtigste im Leben. Na fast: Die auf der Titanic waren alle gesund – aber sie hatten kein Glück.«

(Franz Beckenbauer zu seinem Präsidenten-Nachfolger Hoeneß)

»Ich sehe nicht, was der Bayern-Manager sagt, weil ich den Fernseher immer abschalte, wenn er auf dem Bildschirm erscheint.«

(Willi Lemke)

Hoeneß mit Ehefrau Susi im Sommer 1972 in Rottach-Egern

Starschnitt
Bernd Hölzenbein

Bernd Hölzenbein fällt im gegnerischen Strafraum. Schiedsrichter Walter Eschweiler eilt umgehend zum gestürzten Eintracht-Profi und beugt sich zu ihm hinunter:

»Bernd, stehen Sie schnell wieder auf. Das sitzt noch nicht richtig, das müssen wir noch einmal üben!«

»Der Fußballer Hölzenbein ist kein Unterhaltungskünstler im Sinne des Showgeschäfts. Dazu verkaufe ich mich viel zu schlecht. Wenn das die Tendenz des modernen Fußballs sein sollte, bin ich für diesen Job absolut ungeeignet. Ich könnte nie wie Pelé nach allen Seiten Kusshändchen verteilen. Zudem dürfte ich dann wohl nicht so unterkühlt auf Torerfolge reagieren, wie dies meine persönliche Art ist.«

(Bernd Hölzenbein über sich selbst im Jahr 1977)

Bernd Hölzenbein baut vor für die Zukunft: An der berühmten Hauptwache in Frankfurt eröffnete er eine Boutique für Freizeit-Moden. Einer seiner ersten Kunden war Weltmeister-Kollege Grabowski, der hier von Bernd und Jutta Hölzenbein nach seinen Wünschen gekleidet wird. Man sieht, es "paßt"!

»Man braucht Hölzenbein nur scharf anschauen, dann fällt er schon auf den Rasen.«

(FCB-Trainer Udo Lattek nach dem Pokalhalbfinale 1974 der Bayern gegen Frankfurt)

»Das beste Ergebnis dieser WM: Ich hoffe, meinen Platz auf der Reservebank erfolgreich verteidigt zu haben.«

(Zur WM 1978 in Argentinien)

»Früher war man als Kind bei Schlägereien auch zu Hause stärker als in Nachbars Garten.«

(Über Frankfurts Auswärtsschwäche)

»Unser Training war so geheim, dass wir manchmal selbst nicht zuschauen durften.«

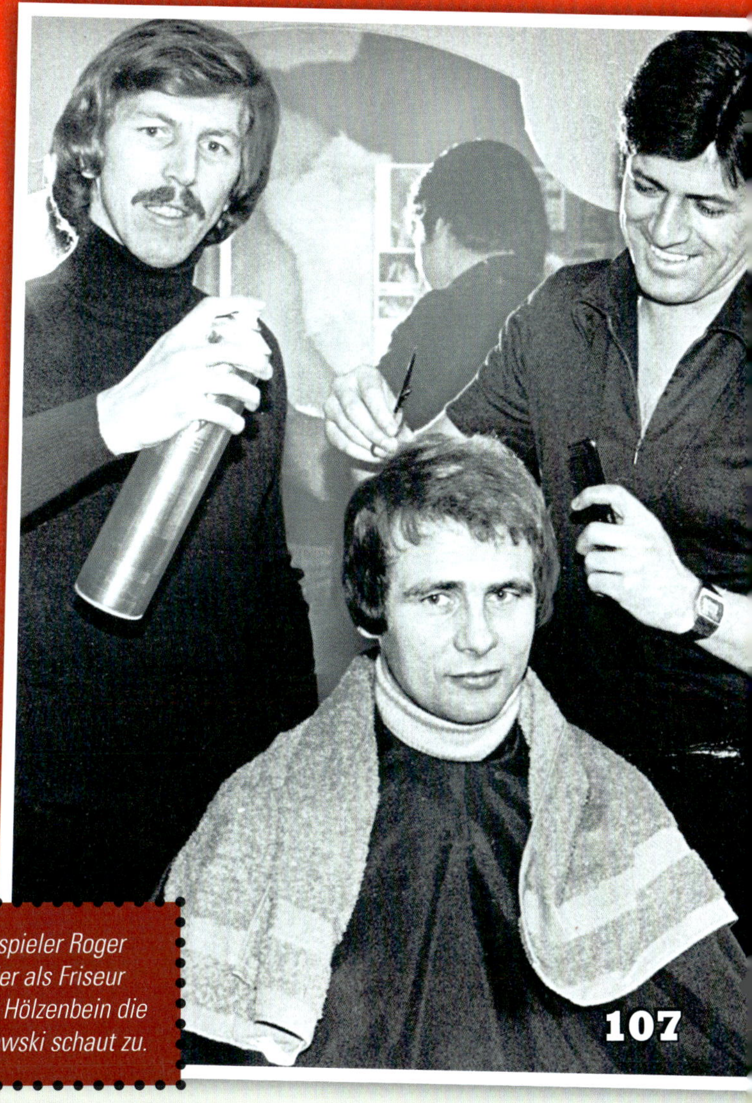

Februar 1977: Schauspieler Roger Herbst arbeitet wieder als Friseur und schneidet Bernd Hölzenbein die Haare, Jürgen Grabowski schaut zu.

Starschnitt

Horst-Dieter Höttges

»Solange ich spiele, steigt Werder Bremen nicht ab!«

Schiri Walter Eschweiler zu den Bremer Verteidigern Höttges und Piontek: »So wie ihr tretet, wächst hier kein organischer Rasen mehr!«

»Die Spiele gegen Werder Bremen werde ich nie vergessen. Wegen Horst-Dieter Höttges und Sepp Piontek. Wir nannten sie nur die ›Mörder-Brüder‹. Wer gegen die antreten musste, war noch nicht richtig auf dem Platz und hatte schon blaue Flecken. Sie grätschten von hinten, von der Seite, ganz nach dem Motto: **›Wenn wir den Ball treffen, auch gut. Aber es muss nicht sein.‹«**

(Franz Beckenbauer)

***Saison 1975/76:** Horst-Dieter Höttges schaut zusammen mit seinen Mannschaftskameraden nach der Partie des 15. Spieltags, SV Werder Bremen gegen den Hamburger SV (1:3), die Zusammenfassung im Fernsehen an. Als Höttges im TV zu seinem verschossenen Elfmeter antritt, starren seine Kollegen wie gebannt auf den Bildschirm. Der Abwehrspieler ist sauer:*

»Warum guckt ihr da hin, meint ihr, ich kriege ihn jetzt rein?«

Stars aus dem Showgeschäf

Spitzenfußball gehört auch hierzulande längst zu[r] Showgeschäft. Kein Wunder, daß sich da unser Profifußballer immer öfters in Gesellschaft von Star aus der „Show-Szene“ sehen lassen. Im Bild obe[n] gratuliert Horst Höttges (Mitte) als Ehrengast de[s] … „Musikladen“ dem Popsänger Dav…

»Der Höttges ist ein Mörder.«

(Gilbert Gress)

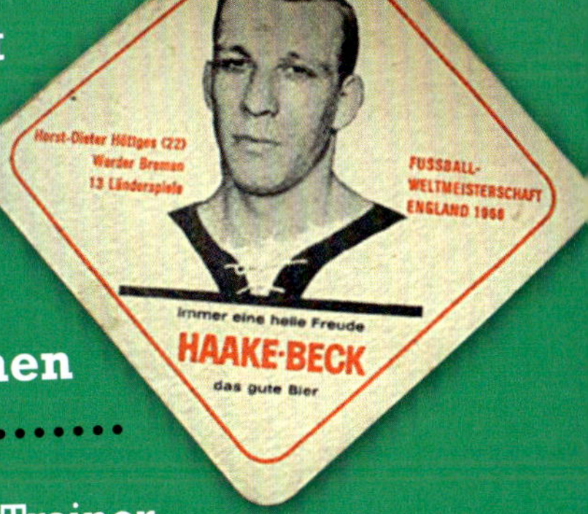

»Das Bein war nur gefühllos!«, sagt Horst-Dieter Höttges und fügt mit schmerzverzerrtem Gesicht hinzu: **»Ich hoffe, dass ich beim Abschiedsspiel für Hoppy Kurat wenigstens eine Halbzeit mitmachen kann.«**

Der Schalker Stan Libuda zeigt seinem Trainer Ivica Horvat einen Vogel: **»Nee, Trainer, da brauch ich gar nicht erst mitfahren!«** Die Mannschaft guckt ihren Stan wissend an, nur Horvat schaut etwas verdutzt. Libuda sieht sich genötigt, es dem Coach zu erklären: **»Mensch, Trainer, da geht es gegen den Höttges. Da seh ich den Ball genau zweimal: beim Anstoß und wenn die das Tor geschossen haben!«** Und damit ist die Diskussion für Libuda beendet – nach Bremen fährt er nicht mit.

Horst-Dieter Höttges brauchte wohl zwei Fernseher, einen für sich und einen für seine Frau.

Starschnitt

Horst Hrubesch

»Der konnte gar nicht geradeaus laufen, aber Flanken hat der mit dem Kopf aus zwanzig Metern reingehauen.«

(Manni Burgsmüller über Horst Hrubesch)

»Der Hrubesch wird der erste Spieler in der Bundesliga sein, dem es gelingt, einen Freistoß aus 30 Metern mit dem Kopf zu verwandeln.«

(Bayern-Torwart Sepp Maier)

»Ich habe noch nie einen Spieler, den ich haben wollte, so gejagt wie Hrubesch. Manchmal bin ich in der Nacht aufgewacht und habe **›Hrubesch‹** geschrien.«

(HSV-Manager Günter Netzer)

»Wie heißt der eigentlich? Rehbusch oder so?«

(Willi Lippens, während der gemeinsamen Zeit bei Rot-Weiss Essen)

»Der Lange steht nur im Weg!«

(Manni Burgsmüller über Horst Hrubesch)

»Wenn wir alle Spiele gewinnen, können wir Weltmeister werden!«

(Vor der WM 1982 zu den Aussichten der deutschen Elf)

»Horst Hrubesch sah ja auch an besseren Tagen nach dem Aufstehen so aus, als ob er sich mit einer Bratpfanne ins Gesicht gehauen hat.«

(Oliver Welke)

Horst Hrubesch tauft ein Löwenbaby auf den Namen Hotti.

Starschnitt

Andreas Herzog

Werder holt 1993 den Titel. Nach dem entscheidenden 3:0-Sieg in der allerletzten Partie in Stuttgart und dem gleichzeitigen Titelgewinn geht die Frau des Trainers, Beate Rehhagel, in die Kabine des neuen Deutschen Meisters. Sat.1-Reporter Jörg Wontorra kommentiert das so: **»Beate Rehhagel gelüstet es nach Männerschweiß.«** Ihr Mann Otto selbst sagt dazu: **»Beate ist die einzige Frau, die nach Spielen in unsere Kabine darf. Sie holt mich dann ab, und es interessiert überhaupt keinen, wenn die Jungs da nackt rumstehen – sie gehört einfach dazu.«**
Am Abend der Meister-Feierlichkeiten nach der Saison 1992/93 nimmt Rehhagel seinen Mittelfeldregisseur Andy Herzog in den Arm und sagt zu ihm: **»Schau her, das hätten wir nie gedacht, dass wir mit einem Wiener mal Meister werden.«** Vor der Saison hatte Rehhagel seine Frau alleine nach Österreich geschickt, um »den Andreas zu beobachten«.

»Wenn ich nicht Fußballprofi geworden wäre, dann wäre ich wohl in einer Bank gelandet. Und dann wäre ich heute vielleicht Finanzminister von Österreich.«

Meisterkuss für Marco Bode

I.

Starschnitt

Bodo Illgner

Als **Peter Neururer** sein erstes Training beim 1. FC Köln absolvierte, legte er am Ende eine Sonderschicht mit den Torhütern ein. Die anderen Spieler durften duschen. Als **Bodo Illgner** schließlich in die Kabine kam, warf er seine Torwarthandschuhe wütend auf den Boden und schimpfte: »So wird das nichts. Wir sind geschiedene Leute!« Als die Kollegen ihren Weltmeister fragten, was denn passiert sei, antwortete Illgner immer noch total erregt: »Der Trainer hat mich **Schnapper** genannt!«

Damit konnte er ja nicht rechnen: **Bodo Illgner** hatte kurz vor der folgenreichen Buchveröffentlichung von **Toni Schumacher** bereits einen **Vertrag in Nürnberg** unterschrieben. Nun steht er wie eine Eins im FC-Tor und ist natürlich **unverkäuflich**. Der 1. FCN zeigt sich gesprächsbereit – möchte aber gerne eine Abstandssumme von **300.000 Mark** haben. Viel Geld für die Kölner, schließlich ist es ja eigentlich ihr Spieler.

Kölns Bodo Illgner bringt es auf den Punkt: **»Drei Punkte sind besser als einer. Doch ein Punkt ist besser als keiner.«**

»Die Kölner diskutieren auch gar nicht. Bis auf Bodo. Der hat Abitur.«

(Manfred Breuckmann)

Bodo Illgners Wechselspiele

Bodo Illgner erwägt einen Wechsel vom 1. FC Köln zu einem anderen Verein. Wohin es geht, ist ihm im Grunde offenbar fast egal: **»Wenn zum Beispiel Pisa sagt, du kannst den schiefen Turm haben, dann gehe ich auch nach Pisa.«**

Ein paar Jahre später: Die ganzen Scheingefechte haben nichts genützt. **Der Kölner Keeper Bodo Illgner unterschreibt einen Vertrag bei Real Madrid.** Am Tag zuvor hat Trainer Peter Neururer noch getönt: **»Illgner ist absolut unverkäuflich. Wir verkaufen ja auch nicht den Kölner Dom.«** Und Manager Wolfgang Loos am 30. August selbst: »Der 1. FC Köln denkt nicht daran, Illgner ziehen zu lassen. **Nicht einmal für zehn Millionen Mark.«** Das Problem: Den Dom kann der FC tatsächlich nicht verkaufen, da er ihm nicht gehört. Illgner dagegen kann jederzeit ins Ausland gehen, da er seit über sechs Jahren eine **Freigabeklausel** hat, die es ihm erlaubt, für eine **Ablösesumme von vier Millionen Mark** den Verein zu verlassen. Von diesem Vertragsdetail hat Bodos Managerin, seine **Ehefrau Bianca,** den Spaniern natürlich erzählt. Und so erfährt der 1. FC Köln erst **nach Illgners Unterschrift** von dessen Wechsel zu Madrid!

Starschnitt
Eike Immel

Im Westfalenstadion steht bei der Partie gegen den FC Bayern München (1:0) ein 17-Jähriger im Tor der Schwarz-Gelben und hält glänzend. Die »Bild« titelt am nächsten Morgen gewohnt reimfest: **»Immel flog in den Himmel«**. Und der junge Eike ist nicht nur ehrgeizig, sondern zeigt schnell, dass er weiß, worauf es ankommt: **»Bälle halten, das kann jeder, doch die Nerven behalten …«**

»An einem Samstag.«

(Auf die Frage, wann er zum letzten Mal für Borussia Dortmund gespielt habe)

»Im Großen und Ganzen war es ein Spiel, das, wenn es anders läuft, auch anders hätte ausgehen können.«

»Kickers Offenbach **bot Mähdrescher für** den **fliegenden Bauernsohn** Immel!«

(»Bild«)

Nachdem Torhüter Eike Immel einige Autos zu Bruch gefahren hat, entscheidet er sich dazu, erst einmal ohne eigenes Gefährt zu bleiben. Als er sich eines Tages jedoch von einem Kumpel den Porsche leiht und diesen im Halteverbot parkt, muss er aus einem gegenüberliegenden Café leichenblass und regungslos mit ansehen, wie jemand mit Karacho seitlich in das edle Gefährt reinrauscht. Die zehn Mark Strafe für das Parken im Halteverbot sind anschließend für den Pechvogel unter den Autonarren das geringste Problem.

In den 1980er Jahren liefern sich die **»Kobra« Jürgen Wegmann und** der »Auto-Bruchpilot« **Eike Immel lustige Duelle** im Schatten des Westfalenstadions. Als Immel einmal dem nicht zu Späßen aufgelegten Stürmerstar vor dem Training seine Hose klaut, tickt Wegmann aus. Wütend fährt er, ohne ein Wort zu sagen, nach Hause und muss wegen des Trainingsschwänzens 2.000 Mark Geldstrafe zahlen. Über zwanzig Jahre später ist die »Kobra« noch immer nicht gut auf den ehemaligen Kollegen zu sprechen: **»Heute würde ich ihm sagen: Behalt sie und verkauf sie doch auf dem Flohmarkt, du Idiot!«**

Starschnitt
Eike Immel
und die Autos

Eike Immel liebt Autos. Er liebt sie sogar so sehr, dass er sich bereits als Siebzehnjähriger einen gebrauchten Mercedes zulegt. Da er aber noch keinen Führerschein hat, denkt sich Immel nichts weiter dabei, als er sein erstes Auto noch vor der ersten eigenen Nutzung bei seiner zweiten großen Leidenschaft, dem Kartenspiel, verzockt. Als dann endlich richtiges Geld in seinem Portemonnaie wuchert und der Führerschein auf dem Tisch liegt, stürmt er in ein Männerparadies in Unna, bezahlt den **frisch erworbenen Mercedes** bar und fährt ihn in seinem jugendlichen Übereifer erst einmal **souverän zu Schrott**.

Schon als Kind soll Torwart Eike Immel auf dem elterlichen Hof den kostbaren Traktor der Familie in einen tiefen Graben gelenkt haben. Den Einsatz der Freiwilligen Feuerwehr mit schwerem Gerät und die Bewirtung der kompletten Mannschaft mit selbst hergestellten Kräuterdestillaten darf der kleine Immel noch Jahre später bei der Kartoffelernte abarbeiten. Seine fast magische Anziehungskraft auf die Gesetzeshüter versteht Immel aber bis heute nicht: **»Ich finde das unheimlich. Wenn ich mit meinem Porsche die Straße herunterfahre und ein Streifenwagen kommt mir entgegen, dann kann ich schon sicher sein, dass er gleich umdreht und mir hinterherkommt.«**

IK

Starschnitt Jupp Kaczor

JOSEF KACZOR: Der Torjäger des VfL erzielte in der vergangenen Meisterschaftssaison 21 Treffer für den VfL.

Die gute Seele des VfL, Christa Jewers, erinnert sich: **»Jupp Kaczor und Heinz-Werner Eggeling, das war ein Team. Die waren auch klasse. Mit denen haben wir viel Spaß gehabt. Wenn wir heute telefonieren und es mal wieder nicht läuft, dann fragt der Jupp immer: ›Muss ich noch einmal meine Schuhe anziehen, muss ich vorbeikommen?‹«**

Nach 30 Minuten ist die **Saison 1977/78** für Jupp Kaczor bereits beendet. Er prallt unglücklich mit dem Gladbacher Torhüter Wolfgang Kneib zusammen, der sich lebhaft erinnert: **»Ich hörte es laut und vernehmlich knacken!«** Auch Kaczor kann den Moment nicht vergessen: **»Ich höre heute noch dieses Geräusch, als wenn ein morscher Ast abbricht.«** Bochums Trainer Heinz Höher weint, als der schreiende Stürmer vom Feld getragen wird: **»Ich fühle mich, als ob mich jemand erschossen hätte!«** Erst am zwölften Spieltag der nachfolgenden Saison tritt Kaczor wieder für Bochum vor den Ball. Angst vor einem erneuten Bruch hat er übrigens nicht: **»Durch den Nagel kann es sich ja höchstens noch verbiegen!«**

Vor dem **29. Spieltag** der Saison 1975/76 reist der VfL Bochum zu einem **Kurztrainingslager** auf die Sonneninsel Gran Canaria. Das warme Wetter dort macht einige VfL-Spieler richtig durstig. Eines Abends versuchen die Profis aus dem Ruhrgebiet daher, den Flüssigkeitsverlust ohne Rücksicht auf Promille auszugleichen. Das klappt gut. Doch leider kommt der etwas angeheiterte Jupp Kaczor prompt etwas zu spät zum Hotel zurück. **Alle Türen sind bereits geschlossen**. Das bringt ihn auf die abenteuerliche Idee, mit einem abmontierten Verkehrsschild zu versuchen, über die Außenmauer zu springen. Das klappt nicht so gut, und zu allem Überfluss wird er dabei auch noch von der Polizei entdeckt. Man nimmt den Randalierer mit aufs Revier und steckt ihn für eine Nacht in die Ausnüchterungszelle. Als Kaczor am nächsten Morgen nicht zum Frühstück erscheint, fliegt die ganze Geschichte auf. Trainer Heinz Höher ist stinksauer, hat aber sogleich eine Lösung parat: **»Wenn du am Samstag gegen Köln ein Tor machst, ist das hier vergessen. Wenn nicht …!«** Der VfL Bochum schlägt den 1. FC Köln mit 1:0. Torschütze: Jupp Kaczor!

Starschnitt Oliver Kahn

Oliver Kahn kennt kein Erbarmen. Bei einem Benefiz-Elfmeterschießen in Karlsruhe sollen Kinder gegen ihn antreten. Für jeden Ball, den sie dem Bayern-Keeper ins Netz legen, fließt Geld für einen guten Zweck. Doch der Nationaltorwart treibt die kleinen Dötze in die Verzweiflung. Kahn, so heißt es, habe keinen Ball durchgelassen.

»Vor Krieg und Oliver Kahn.«

(Mehmet Scholl auf die Frage, vor was er Angst habe)

»Das einzige Tier bei uns zu Hause bin ich.«

(Oli Kahn)

»Die Zentimeter, die ihm jetzt bei manchen Toren fehlen, braucht er zurzeit woanders.«

(Sepp Maier über Oliver Kahns sportliche Leistungen im Zusammenhang mit dessen Privatleben)

»Ich nehme immer nur einen. Zwei wären zu viel. Das kostet zu viel Kraft.«

(Oli Kahn übers Kaugummikauen während des Spiels)

»Immer häufiger bleiben bei Spielen von Bayern München die Ränge leer. Der Grund:

Die Hooligans haben Angst vor Oliver Kahn.«

(Ingolf Lück)

»Ich bin in meinem Privatleben exakt genauso WILD, wie ich auf dem Platz bin. Deshalb hat mich meine Frau auch geheiratet.«

(Oli Kahn)

»Die Karten sind neu gewürfelt.«

(Oli Kahn)

Starschnitt
Manfred Kaltz

»Was der Kaltz am Bein hat, **das hoab i auf der Lungen**.«
(Ernst Happel)

»Ich hätte mir viel vorstellen können, was ich alles hätte sein mögen. Aber Fantasie muss immer auch so weit reichen, sich so zu sehen, wie man ist.«

»Der war wohl gerade zufällig auf der Geschäftsstelle.«
(Auf die Frage, was er denn zu Bastian Reinhardt als neuem HSV-Sportdirektor sage)

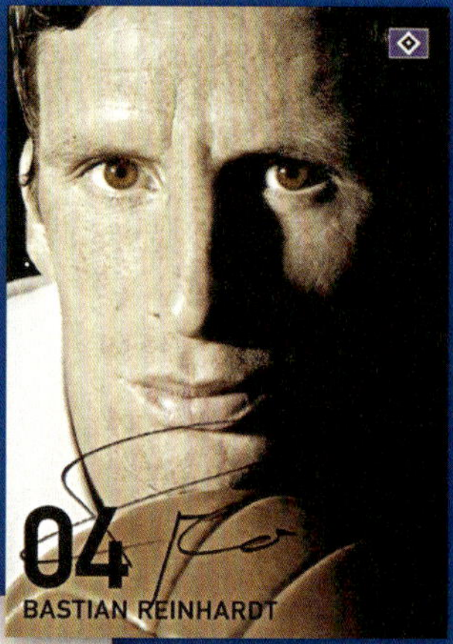

Kaltz: »Ich würde mich selbst als sehr bodenbeständigen Spieler bezeichnen.« **Auf die Nachfrage des Moderators, ob er nicht bodenständig meine:** »Ja, bodenbeständig, so würde ich mich charakterisieren.« **Auf die erneute Nachfrage, was er denn damit meine:** »Das bedeutet, dass ich nach dem Wechsel nach Bordeaux wieder zum HSV zurückgekehrt bin. Das ist eben dieses Bodenbeständige an mir.«

»Als Spieler habe ich es nie nach Italien geschafft. **Dafür jetzt als GETRÄNKE-FACHMANN.**«

(Nachdem er 1991 Vertriebsdirektor einer italienischen Getränkefirma wurde)

Kaltz ist nach einem Konzert von Luciano Pavarotti begeistert – und zwar genau in der Reihenfolge:

»Er wusste nicht nur, wo ich spiele – singen kann er auch noch!«

In der Saison 1985/86

kommt es bei der Partie Dortmund gegen Hamburg (1:1) es zu einer kuriosen Szene. HSV-Verteidiger Manni Kaltz schmeißt bei einem Einwurf den Ball direkt zum BVB-Gegenspieler Horst Hrubesch. Für den ist der Fall allerdings sonnenklar:

»Der Manni sagte sich bestimmt: Das Gesicht kommt mir so bekannt vor. Gib ihm den Ball. Das ist mein Freund Horst!«

Starschnitt
Kevin Keegan

Keegan und sein Konterfei

Bei seinem **Abschied aus Liverpool** lässt Keegan auf eigene Kosten 100.000-mal ein Foto drucken, das ihn und seine Frau in inniger Umarmung nach dem Gewinn des Europapokals zeigt. Das Bild wird kostenlos an seine Anhänger verteilt. Keegan scheint seine Fans tatsächlich zu achten: **»Kein Kind geht von mir weg, ohne dass es sein Autogramm bekommen hat. Als Kind wartete ich einmal im Regen als Einziger nach einem Spiel auf mein Idol. Keiner war da außer mir. Nach einer halben Stunde kam er und schubste mich zur Seite. Ich habe das nie vergessen. Wir sind doch auch als Erwachsene manchmal noch wie Kinder, nicht?«**

»Diese Entscheidung war meiner Meinung nach **fast zweifellos eindeutig falsch**.«

»Die Brusttasche des Schiedsrichters ist wie ein Toaster. Bei jedem Tackling springt eine Gelbe Karte raus.«

SEGEHA-HAUS
HSV

Starschnitt
Wolfgang Kleff

Sie nennen ihn »Otto«, weil er aussieht wie der Komiker mit dem Nachnamen Waalkes. Aber Wolfgang Kleff wäre auch ohne sein Aussehen ein Original der Bundesliga geworden. Herrlich seine Schilderung von einem Tor beim Spiel seiner Gladbacher in Köln. Die Partie endet vor 46.000 Zuschauern mit 3:0 für den FC, und dennoch hat Wolfgang Kleff seinen Spaß: **»Der Pierre Littbarski kommt von halbrechts. Ich geh ein bisschen raus, gar nicht mal so weit, will den Winkel verkürzen. Der sieht das, geht unterm Ball und erwischt mich. Und der Ball fliegt, wirklich, lange Ecke. Als der unterwegs war, wusste ich schon, der geht rein. Da kannst du eine Leiter in der Tasche haben. Da habe ich dagestanden, der Ball war noch nicht drin – und habe geklatscht.«**

Als Otto-Waalkes-Double:
»Hätten die mich Didi Hallervorden gerufen, wäre das was anderes gewesen.«

»Verhüten ist das Leben des Wolfgang Kleff. Früher als Torwart und heute für die AIDS-Hilfe.«
(Moderator Frank Buschmann)

»Wenn die im gegnerischen Stadion mal wieder ›Otto, du bist nervös‹ riefen, hab ich dagestanden und mit dem ganzen Körper gezittert, den Kopf hin und her und die Hände wackeln lassen. Dann hatte ich sie.«

58 1,50 DM
sportmagazin
kicker
DEUTSCHLANDS GRÖSSTE SPORTZEITUNG
Fernsehkoch Inzinger: Die Speisekarte für erfolgreiche Fußballer
Leckeres Essen ist der halbe Sieg
Pokalsieger-Supertoto:
Frankfurt groß in Farbe
Schwimm-WM 75 in Cali:
Eine Chance für Peter Nocke?
Wolfgang Kleff Borussia Mönchengladbach

Nach einer Klatsche wird er gefragt, wie er sich denn fühle. Und Kleff antwortet in seiner ganz eigenen, hintersinnigen, fein ironischen Art: **»Gut. Aber nur als Mensch. Als Torwart fühle ich mich natürlich eher schlecht!«**

»Es waren immer die kleinen Gesten, die meinen Kontakt zu den Leuten ausmachten. Sich 90 Minuten zu konzentrieren, da tränen einem ja die Augen.«

Wenn sich zwei alte Fahrensmänner der Bundesliga begegnen, ist der Flachs nicht weit. Nach dem Spiel Nürnberg gegen Gladbach sagt Wolfgang Kleff zu Georg Volkert: ***»Schorsch, du hast ja so gewirbelt, dass ich Angst bekam, du könntest einen Herzinfarkt bekommen.«*** *Volkert:* ***»Wolfgang, ich wollte dir unbedingt noch einen reintun, bevor ich mich ins Altersheim zurückziehe.«***

BORUSSIA
VfL 1900 e. V.
MÖNCHENGLADBACH
Deutscher Pokalsieger 1960
Deutscher Meister 1970
Deutscher Meister 1971
Deutscher Pokalsieger 1973
Fohlen-Echo
HANNEN ALT Der Schaum verrät wie gut es schmeckt
Wir gratulieren
Wolfgang Kleff
Heute macht er sein 200. Bundesligaspiel hintereinander
UEFA-CUPS?
BANIK OSTRAVA
Im heutigen Bundesligaspiel ist
ROT-WEISS ESSEN
unser Gegner im Bökelbergstadion.
Wir begrüßen unseren Gast aus der Metropole des Ruhrgebiets, mit dem wir uns schon oft nach dem Kriege fesselnde Duelle geliefert haben.
Heute geht es wieder um die Tabellenführung, die unsere Borussia schon seit sechs Spieltagen innehat. Viel kann sich diesmal tun – man beachte nur das gesamte Programm dieser Runde!
Sport-Erdweg Ausrüster der Borussia
Mönchengladbach, Bismarckstraße 42 · Rheydt, Limitenstraße 3

In Mönchengladbach fühlt sich Torwart Wolfgang Kleff nach einem Zehenbruch wieder besser: **»Ich nähere mich schon meiner alten Form und lass im Training nur jeden dritten Ball ins Tor. Das war früher auch nicht anders. Jetzt fällt es nur mehr auf, weil die Stürmer weniger schießen!«**

Starschnitt Uwe Klimaschefski

Mit dem 1. FC Saarbrücken stieg Uwe Klimaschefski von der Regionalliga in die Bundesliga auf.

Man kann mit Fug und Recht behaupten: Uwe Klimaschefski ist der Sprüchekönig unter den Bundesligatrainern. Dass ihn heute dennoch viele Fußballfans nicht mehr kennen, hat damit zu tun, dass er nie die ganz großen Erfolge feiern durfte. Auch wenn er manchen Scherz und Schabernack mit seinen Profis trieb (»Meine Spieler sind Intellektuelle. Die haben Maos Tod letzte Woche noch nicht verkraftet«), haben sie ihn trotz allem geliebt und verehrt. Franco Foda sagte einmal: »Wer unter Klimaschefski ein Jahr durchhält, der ist einen großen Schritt weiter im Leben gekommen und braucht sich vor nichts mehr zu fürchten.«

»Was will der? Geld? Der soll froh sein, wenn er auf unserem Platz den Sauerstoff kostenlos einatmen darf.«

Niederlagen nahm der Bremerhavener persönlich: »Jetzt zieht euch warm an. Ich reiße euch den Arsch auf. Bis zur Naht!«

»Weitere Fragen kann ich nicht beantworten. Ich muss jetzt zu meinen Spielern. Die sind so blind, dass sie den Weg von der Kabine zum Bus nicht finden.«

Ein unbändiger Ehrgeiz stachelte Klimaschefski an, wie Homburgs damaliger Spieler, Harald Diener, einmal der Presse verriet: »Wenn unser Trainer mit seiner Mannschaft im Rückstand liegt, dauert ein Spiel oft drei Stunden. Wenn man dann heimkommt, sind die Filets so hart, dass man sie nicht mehr essen kann.«

Als ein Journalist einmal wissen wollte, wann der Trainer denn die nächsten Spieler verkaufen würde, antwortete Klimaschefski: »Wenn die Schrottpreise wieder steigen!«

Generell ging er mit seinen Profis ging gerne verbal hart ins Gericht: »Unsere Spieler können 50-Meter-Pässe spielen: 5 Meter weit und 45 Meter hoch.«

Einen spanischen Testspieler ließ Uwe Klimaschefski einmal in voller Fußballkluft unter der Dusche mit dem Ball jonglieren: »Lass mal sehen, wie du bei Regen spielst!« Und als Dieter Müller aus der Schweiz in die Bundesliga zum 1. FC Saarbrücken zurückkehrte, sah Klimaschefski noch viel Arbeit auf seinen Stürmer zukommen: »Von seinem Grasshopper-Trip hat er eine Menge Schweizer Speck mitgebracht.«

Die Geschichte des ....

Diego »Winnetou« Klimowicz

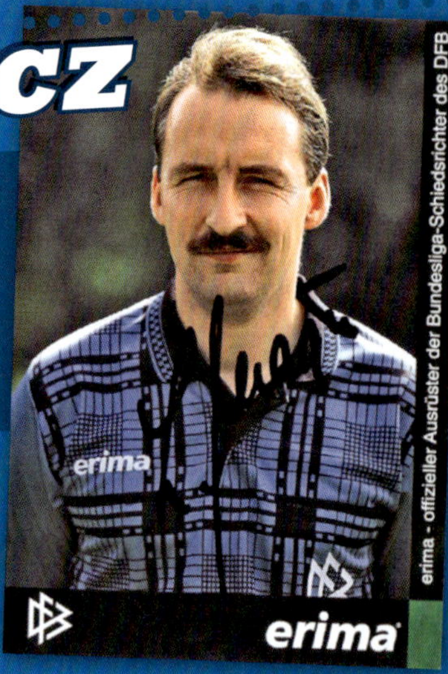

»Diego Klimowicz – ein **Name** wie Winnetou Koslowski.«

(Manfred Breuckmann)

DIEGO KLIMOWICZ

Bei Schiri Wagner sieht Klimo Rot

Schon vier Platzverweise!

BOCHUMS STÜRMER SAH VIER MAL ROT VON LUTZ WAGNER

Klimowicz' Rot-Affäre

Eine fast unglaubliche Geschichte ist es, die sich da zwischen dem Fußball-Profi Diego Klimowicz und dem Schiedsrichter Lutz Wagner abgespielt hat. Als Wagner am Nachmittag des 5. Dezember 2009 die Rote Karte zückt, ist es seit dem 13. August 2005 bereits das vierte Mal, dass der Schiri Klimowicz des Feldes verweist. Bochums Kapitän Marcel Maltritz ist ebenso erstaunt wie sein Mitspieler: »Man könnte meinen, dass Diego ihm mal die Frau ausgespannt hat.« Diego Klimowicz sieht die Sache allerdings nicht ganz so entspannt. »Das ist nicht normal. Der hat was gegen mich«, mutmaßt er und kocht vor Wut. Doch wahrscheinlich war es genau andersrum. Connie Francis sang früher so treffend »Die Liebe ist ein seltsames Spiel«, und ein altes Sprichwort bringt es ganz gut auf den Punkt: »Was sich liebt, das neckt sich.«

Bundesliga Zweite Liga Motorsport Ergebnisse Forum/ Chat Sport-Telegr

Bild.de T-Online

Finden Bild.T-Online Web

Seite 1 > Sport > Fußball-Bundesliga

6. November 2007 09:20:55

Hertha – Bochum 2:0

Eigentor! Was für ein *Fehl*tritz

VON HENNING FEINDT, JÖRG ZSCHOCHE UND ROBERTO LAMPRECHT

Was für ein schlechtes Spiel zweier Krisenklubs!

Hertha BSC murkst sich zu einem 2:0 (2:0) gegen Bochum, der VfL schlägt sich quasi selbst!

Dabei hatte Hertha-Trainer Favre noch am Donnerstag alle verblüfft. Er verglich seine Berliner mit der Zaubertruppe von Arsenal London, die gerade in der Champions League Slavia Prag 7:0 abgefertigt hatte.

Der Schweizer: „So wird das bei uns auch mal."

Hertha-News

Wie bitte? 26 Minuten zeigen Hertha und Bochum Folter-Fußball pur. Keine Torszenen, nur Ballgeschiebe

Denn Lutz Wagner zeigt sich nur ein paar Tage nach dem **Platzverweis** von seiner romantischen Seite und schickt dem Argentinier über die Medien eine versteckte Liebesbotschaft: »Zum Saisonende ist für uns beide in der Bundesliga Schluss. Dann möchte ich Herrn Klimowicz gerne zu mir nach Hause einladen. Bei einem Glas Wein kann man alte Spannungen bestimmt lösen.«

Und auch die seit über zwanzig Jahren glücklich verheiratete Ehefrau des Schiedsrichters freut sich bereits auf ein kleines feuriges Abenteuer mit dem Südamerikaner. Neugierig erkundigt sie sich: »Ich kenne Klimowicz nicht. Schaut der gut aus? Wenn ja, müsste ich mich mal damit beschäftigen ...«

Doch die Liebe bleibt leider unerfüllt. Der Argentinier packt zum Ende der Spielzeit seine Koffer und verschwindet Richtung Heimat. An die Wagners soll er bei seiner Abreise übrigens keine warmen Gedanken mehr verschwendet haben ...

Diego Klimowicz wird von Lutz Wagner des Feldes verwiesen, wieder mal ...

Starschnitt

Jürgen Klinsmann

»Das sind die Schüsse aus der zweiten Distanz.«

»Zu den **Bayern** möchte ich nicht wechseln, ich will lieber noch ein **richtiges anderes Land** kennenlernen.«

»Der Druck entlädt sich beim Torschuss – ein Wahnsinnsfeeling. So ähnlich wie beim Sex.«

»Das sind Gefühle, wo man schwer beschreiben kann.«

»In Monaco fühle ich mich wohl. Denn unter den vielen Prominenten hier, bin ich doch nur eine kleine Nuss.«

»Fairplay ist heute ein aggressives Wort geworden.«

»Der **Rizzitelli und ich** sind schon ein **tolles Trio**.«

(In seiner Zeit in München hat er sogar das Zählen ein wenig verlernt.)

»Ich habe keine Lust mehr auf Flughafen, Fußball und wieder Flughafen. Das brauche ich nicht mehr. Und ich benötige auch kein Geld mehr.«

»Und das Ganze heute unter der Stabführung des Dozenten für Harmonielehre: Jürgen Klinsmann.«

(Gerd Rubenbauer)

»Der Jürgen ist ein Weltmann. Er war ja immer ein Gegenpool zu mir.«

(Lothar Matthäus)

»Nee, das habe ich noch nicht gewusst. Ach du Scheiße!«

(Martha Klinsmann zur Verpflichtung ihres Sohnes als Trainer des FC Bayern)

11. April 1984: Jürgen Klinsmann unterzeichnet seinen Vertrag beim VfB Stuttgart, von links: Vorstandsmitglied Ulrich Schäfer, Klinsmann und Präsident Gerhard Mayer-Vorfelder.

Starschnitt
Jürgen Klopp

Vor laufenden Kameras fällt Superstar **Zlatan Ibrahimovic** auf der FIFA-Fußball-Gala im Januar 2014 in Zürich dem BVB-Trainer um den Hals. Der Schwede lächelt Klopp an: **»Sag mal, wann holst du mich denn endlich nach Dortmund?«** Klopp taumelt leicht irritiert zurück, schüttelt weiter Ibras Hand und stammelt dann: **»Na ja, dafür müsste ich erst meine komplette Mannschaft verkaufen.«** Ibrahimovic schüttelt den Kopf: **»Ach, ich komme doch umsonst. Das sollte jetzt nur nicht der Präsident von Paris hören.«**

»Wenn es hier nach Schweiß stinkt, bin ich das. Das Spiel war so aufregend.«

(Zu seinem Schalker Kollegen Fred Rutten)

»Hätte ich auf dem Platz immer so konzentriert Doppelpässe gespielt wie vor der Kamera, wäre ich als Spieler garantiert erfolgreicher gewesen.«

»Freunde der Südsee, geht mir damit nicht auf den Sack.«

(Nach dem fünften Spieltag auf die Frage von Journalisten, ob seine Mannschaft denn nun Meister werde)

»Wir haben **schlecht angefangen**, um dann **ein bisschen nachzulassen.**«

»Was kann man da gewinnen? **Eine DSL-Telefonleitung?** Ich ziehe nämlich gerade um.«

(Über den T-Home-Cup)

»Ich kann **Schütze Arsch** im zwölften Glied sein und bin trotzdem wichtig, weil auch ich meinen Auftrag und meine Rolle habe.«

(Über die Rolle der Ersatzspieler)

»Wenn die Zuschauer Emotionen wollen, du aber Rasenschach anbietest, muss sich einer von beiden ein neues Stadion suchen.«

Die Spieler von Borussia Dortmund sind in der Saison 2009/10 so trainingsfleißig, dass sie zumeist noch lange nach dem Ende der Übungseinheiten auf dem Platz stehen und Freistöße und Flanken üben. Eigentlich ein Grund zur Freude für jeden Coach. Doch Trainer Jürgen Klopp hat eines Tages genug. Als er nach über 45 Minuten immer noch alleine unter der Dusche auf jemanden wartet, der ihm den Rücken schrubbt, zieht er sich wieder an und geht nach draußen. Dort brüllt er dann:

»So, Kinder! Ich stelle gleich das Flutlicht ab!«

»Er hat eine schicke Frisur, eine sympathische Frau und einen guten Humor. Allerdings auch einen Vertrag bei Borussia Dortmund bis 2018.«

(Bundestrainer Jogi Löw auf die Frage, warum Jürgen Klopp sein Nachfolger wird)

Starschnitt
Jürgen Klopp

»Bei uns ist alles im Lack. Immerhin haben wir ja die 2. Halbzeit 2:2 gespielt.«

(Nach einer 2:4-Niederlage)

»Fußball habe ich schon recht früh verstanden, ich konnte es nur nicht umsetzen. Über dem Hals war ich stärker als drunter.«

»Im Spiel denken die Spieler ab und zu selbstständig, und man sieht ja, was dabei rauskommt.«

»Es ist hinreichend bekannt, dass Jürgen Klopp der einzige Bundesliga-Trainer ist, der **keine Maske tragen muss, um die Kinder an Halloween zu erschrecken.**«

(Der britische »Guardian« über Jürgen Klopp)

»In Extremsituationen muss man ideenreich sein. Den Junggesellenabschied eines Kumpels haben wir im Nikolaus-Kostüm gefeiert. Voll maskiert.«

»UEFA-Cup-Feeling?
Ist das so was wie Sodbrennen?«

Reporterin: »Hat Shinji Kagawa Dortmund verstärkt?«
Klopp: »Ja.«
Reporterin: »Etwas mehr?«
Klopp: »Ja, absolut.«

**»Gib mir mal eure Frequenz.
Ich kriege seit Tagen nur WDR 4.«**
(Zu einem Radio-Reporter)

»Hey Schiri, hast du das Abseits geschätzt?«

»Bei der Vergabe der Abiturzeugnisse sagte der Rektor zu mir: Hoffentlich klappt's mit dem Fußball, sonst sehe ich schwarz.«

»Ich mag Jogi Löw. Ich benutze sein Deo, sein Shampoo ...«
(Nach der Länderspiel-Nominierung einiger BVB-Spieler)

Starschnitt
Jürgen Klopp

»Meine Jungs sind Mentalitätsmonster.«

»Am Mittwoch, das wird **›Mia san Mia‹** gegen **›Wir sind Fußball‹.«**

(Vor einem Spiel gegen die Bayern)

»Wir führen ein ganz normales Familienleben. Und ich werde jetzt zu Hause auch nicht zwei Meister-Sterne auf der Brust tragen!«

»Ein Nasenbeinbruch ist kein Beinbruch.«

(Über die Verletzung von Felipe Santana)

»Aufgeregt war ich nur vor dem Abitur. Da war ich aber auch scheiße vorbereitet.«

(Auf die Frage, ob er vor dem möglicherweise entscheidenden Spiel gegen Nürnberg aufgeregt sei)

»Ich wurde schon gefragt, ob wir auf den Nichtabstieg anstoßen. So blöd sind wir dann doch nicht.«

(Jürgen Klopp nach einem 3:2-Sieg in Hannover)

»Ich muss jetzt **Champions League gucken**. Das ist wichtig, denn da sind ja potenzielle Gegner von uns dabei.«

(Als Begründung für sein vorzeitiges Verlassen der Jahreshauptversammlung)

»Ich hatte das **Talent für die Landesliga** und den **Kopf für die Bundesliga** – herausgekommen ist die **zweite Liga**.«

»Irgendwann in seinem Leben, um im Bild zu bleiben, ist er falsch abgebogen.«

(Jürgen Klopp über Marco Reus, der jahrelang ohne Führerschein Auto gefahren ist)

»Er hat eine Art Ganzkörperprellung.«

(Über eine Verletzung von Sven Bender)

»Das war ein **aktiver Vorgang**, der zu **Passivität** führte.«

»Mit **schlechtem Fußball** habe ich mich **lange genug rumgeschlagen** – und zwar mit **meinem eigenen**.«

»Das ist wie im Leben. Wenn heute die Waschmaschine kaputt ist, ist morgen der Trockner im Arsch. Und dann gibt der Fernseher den Geist auf.«

(Über das Dortmunder Verletzungspech)

Starschnitt
Miroslav Klose

»Klose ist nicht Gerd Müller und nicht Paolo Rossi. Er wird nie ein Ronaldo sein und nie etwas mit Totti zu tun haben. **Klose ist nicht schön, und sein Fußball ist nicht schön**. Aber Klose hat alles verdient, was ihm der Fußball schenkt.«

(Die italienische Zeitung »La Gazzetta dello Sport«)

»Ich war laufen. Mit mir wollte keiner Fußball spielen.«

(Auf die Frage, wie er sich während seiner Isolation wegen der Schweinegrippeerkrankung seiner Kinder fit gehalten habe)

»Für **Streicheleinheiten** müssen wir uns eine **Katze** kaufen.«

»Wann ist ein guter Zeitpunkt für eine Verletzung? Fällt man im Urlaub aus, hat man keinen Urlaub.«

»Ich rauche nicht.
Ich trinke nicht.
Man kennt mich nicht.«

»Es war sehr schmerzvoll, aber ich habe kaum was gespürt.«

»Die Ballverwertungshaltung war nicht da.«

»Er springt 40 Zentimeter höher als seine Gegenspieler und sechsmal so hoch wie ich.«
(Eric Gerets über die Sprungkraft von Miroslav Klose)

»Wenn wir Weltmeister werden, können Sie mit mir machen, was Sie wollen. Ich fahre dann überall hin.«

Starschnitt Jürgen Kohler

»Ich habe **19 Jahre lang den schönsten Beruf ausgeübt**, den es gibt.«

»Filmt mich nicht von oben, dann sieht man meine Glatze.«

»Gestern hat's geregnet und heute schien die Sonne – da muss sich der Körper erst mal darauf einstellen!«

(Erklärungsversuch für eine schwache Anfangsphase)

»Für Kohlers Verhältnisse war der Pass gar nicht schlecht.«

(Marcel Reif zu einem Pass, der über fünf Meter gespielt im Seitenaus landete)

»Ein Hackentrick von Jürgen Kohler – das kann ja nicht gut gehen.«

(Manfred Breuckmann)

»Seit ich **keinen Schnäuzer mehr** habe, **bin ich wieder ein Thema** für die.«

(Über die »Bravo«)

Fußballgott Jürgen Kohler mit der Meisterschale im Mai 1996

»Kohler köpft alles weg, der würde sogar eine Kiste Bier aus dem Strafraum köpfen.«

(Jörg Dahlmann)

»Ich sehe Spieler, die sprechen mehr mit der Presse als mit ihrem eigenen Trainer.«

(Jürgen Kohler als Konter auf Rickens legendäre Nike-Werbung)

»Auch wenn hier der Fußballgott steht. Ich muss mal durch.«

***(Schalkes Mike Büskens nach dem 1:0 über den BVB,** als ihm Jürgen Kohler im Weg stand.)*

»Metzelder könnte einer sein, der, wenn **Jürgen Kohler in 20, 30 Jahren abtritt**, die Lücke schließen kann.«

(ZDF-Kommentator Aris Donzelli)

Starschnitt

Timo Konietzka

Timo Konietzka, der Schütze des ersten Bundesligatores, erinnert sich, dass dieser ewige Ruhm beinahe an ihm vorbeigegangen wäre:

»In Bremen wollte ich anfangs gar nicht spielen. Ich hatte so eine verdammte Oberschenkelgeschichte – sie hatte mich die Teilnahme am Pokalfinale gekostet –, und ich musste das Bein nachziehen. Aber meine Kameraden überredeten mich: Du musst spielen! Ich ließ mich breitschlagen. Dann kam die erste Minute. Emma zog am linken Flügel los, flankte, ich war da. Schuss, 1:0!«

Friedhelm »Timo« Konietzka wird 1958 von Max Merkel direkt aus der Zeche Viktoria I/II für den »Rote Erde«-Rasen verpflichtet. Aber vorher hatte Konietzka es sich nicht nehmen lassen, noch einmal tüchtig zu malochen – wie er sich auch knapp 30 Jahre nach seiner finalen Grubenfahrt schmunzelnd erinnert: »Mit den letzten Kohlestücken, die ich rausgeholt habe, wird heute noch geheizt.«

Timo Konietzka (2.v.li.), Rolf Rüssmann (2.v.re.) und Ralf Loose beim Besuch eines Bergwerks

In Dortmund nennt man sie nur **»Max und Moritz«. Charly Schütz und Timo Konietzka sind ein Herz und eine Seele.** Und beide sind auch ein wenig verrückt und für wahnsinnige Aktionen bekannt. Eines Tages reiben sich ein paar Bauern während der Erntearbeit verwundert die Augen, als ein **nobles Auto scheinbar ohne Grund die Kurve verpasst und rasant in ein Kornfeld brettert**. Kurz dahinter prescht mit hohem Tempo ein weiteres schickes Auto heran. Auch dieses verpasst die Kurve und rast mitten ins Kornfeld. Man hört Bremsen quietschen, sieht Staub aufwirbeln, und dann steigt Charly Schütz aus dem ersten Auto. Mit einem Lächeln auf dem Gesicht schaut er durchs Fenster seines verdutzten Mannschaftskameraden Timo Konietzka und sagt augenzwinkernd:

»Ich wollte nur mal sehen, Friedhelm, ob du mir wirklich alles nachmachst!«

Starschnitt Karl-Heinz Körbel

Die Gelbe Karte, die einen würdigen Abschied im Waldstadion verhinderte …

Charly Körbel hört auf. Bereits nach dem 600. Spiel überreicht ihm sein Präsident Matthias Ohms eine Magnum-Flasche Champagner mit den Worten: »In dieser Flasche sind die Tränen des Präsidiums!« Dass es am Ende »nur« 602 statt der möglichen 603 Spiele werden, hat vor allem ein Mann zu verantworten: Schiedsrichter Michael Prengel. Als er am 8. Juni 1991 in seine Brusttasche greift und den gelben Karton zückt, läuft Charly Körbel ein eiskalter Schauer den Rücken hinunter. Die vierte Gelbe Karte der Saison durchkreuzt seinen Plan, die Laufbahn im heimischen Waldstadion gegen den VfB Stuttgart mit dem Einzug in den UEFA-Pokal stilvoll ausklingen zu lassen. Obwohl Körbel vor der Partie Prengel die besondere Situation extra erklärt hatte, kann der Schiri die Aufregung um seine Person nicht verstehen. Für ihn trägt ganz alleine Körbel die Schuld: »Es hat mir nicht leid zu tun, er hätte sich anständig benehmen sollen.«

Was für ein Mann – er ist wirklich sehr tapfer! Am 31. Spieltag der Saison 1983/84 bei der Partie von Eintracht Frankfurt gegen den 1. FC Nürnberg liegt Charly Körbel auf einer Trage und wird über die Laufbahn hinaustransportiert. Seine Frau eilt herbei, sie **weint fürchterlich**. Von der Trage herab spricht Körbel im ruhigen Ton zu seiner Gattin: »**Mach dir keine Gedanken, es ist nicht so schlimm – nur ein Schienbeinbruch.**«

Schiri Dieter Pauly verrät einen Trick, wie man ihn umschmeicheln kann: **»Es gibt einige ganz Schlaue, die den Schiri dauernd loben, um ihn gewogen zu machen. Der Charly Körbel von Frankfurt ist so einer. Wir sind schließlich auch nur Menschen.«**

»Es soll mal nicht von mir heißen: **Der Charly tritt als Rekordspieler ab, hat aber auch die meisten Trainer verschlissen**.«

Körbel spielte einmal **acht Wochen** mit einem **Bänderriss** im rechten Knöchel, weil er sich nicht traute, seinem Trainer Gyula Lorant etwas zu sagen. Als der Mannschaftsarzt schließlich die Initiative ergriff, antwortete der Ungar nur: **»Boxer kämpfen auch mit Platzwunde, soll Charly Zahnpasta auf Fuß schmieren.«**

»Kicker« vom Januar 1975

»Ein Teil meines Lebens geht zu Ende.«

(Nach der Entlassung als Eintracht-Trainer 1996)

Starschnitt
Franz Kremer

Kölns Präsident Franz Kremer ist geschäftlich ein Fuchs. Während überall in der noch jungen Bundesliga die schwarzen Kassen kreisen, hat Kremer eine andere Idee. Da pro Spiel eine Prämie von 250 Mark an die Lizenzspieler gezahlt werden darf, ersetzt der FC kurzerhand das Mittwoch-Training durch eine Begegnung mit einem unterklassigen Gegner. So kann Kremer guten Gewissens offiziell verkünden: »Bei uns verdienen 15 Spieler zwischen 35.000 und 50.000 Mark im Jahr.« In Berlin bei der Hertha auch – aber dort nicht legal wie beim FC dank Kremer.

Präsident Franz Kremer stirbt während des Spiels gegen Eintracht Frankfurt am 11. November 1967 vor dem heimischen Radio. Vom Herzinfarkt ihres langjährigen Vorsitzenden erfährt die Mannschaft um Wolfgang Overath nach der Rückkehr vom 2:1-Auswärtssieg. Die Freude weicht augenblicklich einer tiefen Trauer. Ausgerechnet am Karnevalsbeginn trifft die Nachricht den FC hart.

Franz Kremer ist nicht nur der eigentliche Vater der Bundesliga, nein, er sorgt auch für seine »Kinder«. In den ersten Jahren der Bundesliga ist es selbstverständlich, dass die Spieler zusätzlich zu ihrem Engagement in den Vereinen einem zweiten Beruf nachgehen. Und so stehen einige der Lizenzspieler bei Franz Kremer in Lohn und Brot. Der Borusse Hans Tilkowski ist 1964 gar in dreifacher Mission unterwegs: als Lizenzspieler bei Borussia Dortmund, als Versicherungsvertreter und schließlich auch noch als Vertreter für Geschenkartikel. Den letztgenannten Job übt er bei Franz Kremer aus. Und der FC-Patriarch fährt gut damit, Bundesligaprofis als Vertreter für seine Firma durch die Republik zu schicken. Aber auch Tilkowski ist sehr zufrieden mit der Erweiterung seiner Einnahmequellen: »Ich habe viele Freunde. Versicherungsmäßig können sie nicht immer was für mich tun. Mit Geschenkartikeln schon eher.« Auch FC-Star Hans Schäfer kann davon ein Lied singen und ist Kremer für den lukrativen Job mehr als dankbar.

Starschnitt
Kremers-Zwillinge

»Wenn wir früher gegen Dortmund gespielt haben, haben wir uns vorher gar nicht umgezogen.«

(Helmut Kremers auf der Schalker JHV)

»Einmal gehe ich rechts vorbei, dann wieder links, dann wieder spiele ich den Ball durch die Beine oder mache einen Doppelpass mit einem Schalker Mitspieler. Ich variiere ganz bewusst, so dass es meine Kontrahenten besonders schwer haben. Man muss immer wieder etwas Neues bringen im Showgeschäft.«

(Erwin Kremers)

Einer von Max Merkels Sprüchen während seiner Zeit bei den Königsblauen ist auch dieser: »Das Beste an Schalke ist die Autobahnauffahrt nach München.« Und da die Kremers-Zwillinge keine ganz großen Merkel-Fans sind, lassen sie sich etwas Besonderes für ihren Trainer einfallen. In einer Nacht- und Nebelaktion entwenden sie alle vier Reifen von Merkels Wagen. Das Gesicht ihres Übungsleiters am nächsten Morgen entschädigt die Mannschaft für vieles. Die herbeibestellten Boulevard-Fotografen schießen unter dem Gelächter der Spieler Fotos des auf Backsteinen aufgebockten BMWs.

Starschnitt
Stefan Kuntz

»Wenn es geht, dann von links. Rechts habe ich mich nämlich beim **Rasieren** geschnitten.«

(Bei einem Fototermin zum Fotografen)

Endlich kann Klaus Fischer wieder antreten und schießt bei Bochums 2:3-Niederlage in der Saison 1985/86 gegen Uerdingen gleich zwei Tore. Sein Mannschaftskamerad Stefan Kuntz ist so erleichtert, dass der alternde Torjäger wieder da ist, dass er ihm sogar einen Zweizeiler widmet: **»Sechs Monate war Klaus Fischer krank, nun trifft er wieder, Gott sei Dank!«**

Bayern verliert in Bochum durch drei Tore von Stefan Kuntz mit 3:0. Der Torschütze gibt hinterher allerdings zu: **»Irgendwie hatte der Pfaff heute die Arme falsch eingerenkt!«** Und auch Bayern-Trainer Udo Lattek nimmt kein Blatt vor den Mund: **»Was willst du denn machen, wenn sich der Torwart die Dinger schon selbst reintut?!«**

Stefan Kuntz kämpft gegen die Tränen an: **»Eine Sache, die habe ich noch nie erzählt.** Die ist mir auch ein bisschen peinlich. Aber immer wenn es mir schlecht geht, bin ich nah am Wasser gebaut. Irgendwann überkommt es mich dann und ich muss einfach heulen. Am besten geht das bei mir, wenn ich so romantische Schnulzen gucke. Aber meine Frau ist ja nicht hier in Bochum, und da sieht das immer so ein bisschen blöd aus, wenn ich alleine im Kino bei ›P.S. Ich liebe dich‹ sitze und heule. Und da es mir im Moment nicht besonders gut geht, habe ich aus purer Verzweiflung am Sonntag **›Nur die Liebe zählt‹** angeschaltet. Mit Kai Pflaume. Das war richtig furchtbar. Da ist ein Mann gewesen, der hat seinen Bruder vierzig Jahre nicht gesehen. Ich habe Rotz und Wasser geheult.«

Stefan Kuntz mit Freundin Sabine vor dem heimischen Kamin

»Vielleicht gehe ich nach Istanbul zurück und fahre ein Jahr nach Australien oder gehe ins **Dschungelcamp**.«

(Über die Zeit nach seinem Engagement in Bochum)

Starschnitt
Jan Koller

Jan Koller konnte nicht nur Tore schießen, sondern auch Tore verhindern wie hier im Dezember 2002.

»Der Koller ist 20 Zentimeter größer als unsere Spieler. Es ist eigentlich nicht fair, dass der mitspielen darf.«

(Jürgen Klopp, als er noch in Mainz trainierte)

»Wenn er auf dem Platz ist, habe ich das Gefühl, dass alle anderen Stürmer zusammen nur 1,50 Meter groß sind.«

(Matthias Sammer)

»Jan Koller – mit 2,02 Meter Körpergröße der überragende Spieler da vorne.«

(Thomas Wark, ZDF-Kommentator)

»Wir werden schon einen auspacken, der nicht unbedingt eine Leiter braucht.«

(Werder Bremens Trainer Thomas Schaaf zur Frage nach dem Gegenspieler des 2,02-Meter-Mannes)

L.

Starschnitt Udo Lattek

»Sie können ruhig etwas lauter nicken!«

»Das Schlimmste ist, wenn sich ein Trainer nach dem Präsidium richten muss, weil er Angst vorm Rausschmiss haben muss. Uli Hoeneß hat mal versucht, mir reinzureden. Da habe ich gesagt: **›Pass auf, Uli, geh du lieber in dein Büro zum Erbsenzählen und Geldschichten. Wenn du noch mal was auf der Bank sagst, fliegst du runter.‹** Da war das Thema erledigt.«

»Ich habe alle gekriegt, die ich wollte. Nur bei meiner Frau: **Da war ich es, der eingekauft wurde.**«

»Ich bin der Hans Albers der Bundesliga. Der konnte saufen wie ich und auch arbeiten.«

»Die großen Trainer haben schließlich alle gesoffen: Weisweiler, Happel, Zebec. **Und ich gehöre ja auch zu den großen.**«

»Herr Lattek, wollen Sie uns mit den dauernden Siegen das Geschäft kaputt machen?«, fragt Bayern-Präsident Wilhelm Neudecker, weil er ob des anhaltenden Erfolgs den Spannungsverlust befürchtet.

»Lattek ist ein hervorragender Trainer. Das zeigt sich schon alleine daran, dass er den Herren Neudecker und Schwan jahrelang das Gefühl vermittelte, sie verstünden etwas vom Fußball.«

(Helmut »Fiffi« Kronsbein)

»Die Deckung hat Angst vor ihrem schwachen Torwart. Deshalb spielt sie so gut!«

»Jupp Heynckes weiß genau, wer raucht, und zählt deine Bierchen. Das war bei Udo Lattek anders. Der hat selbst am meisten gesoffen.«

(Klaus Augenthaler)

»Der soll sein Weißbier trinken und die Klappe halten.«

(Rudi Assauer)

Klaus Augenthaler (2. v. r.) mit seinen Bayern-Kollegen Brian Laudrup, Thomas Kastenmaier und Raimond Aumann im Oktober 1990 auf der Wiesn.

Starschnitt ....
Thorsten Legat

Bochum hat eine neue **Nachwuchshoffnung**: Thorsten Legat. Schon als Kind ist er ein Fußball-Fanatiker, wie seine Mutter erzählt: »Wenn morgens um acht Uhr in unserer Straße eine Blechdose schepperte, wussten alle Bescheid: Der Legat ist unterwegs!« Auch Thorstens Freundin Nicol ist hin und weg vom gutgebauten VfL-Profi: »Von dem Tag an, als sie mich in Werne spielen sah, war sie hinter mir her.« Und Thorsten weiß schon jetzt, dass er auf ewig dem runden Leder verfallen ist: »Ohne Fußball bräche für mich die Welt zusammen.«

Der ehemalige Torhüter des VfL, **Andreas Wessels**, hat einmal eine kleine Sach- und Lachgeschichte über Thorsten Legat erzählt: »Als 17-Jähriger trainierte Thorsten Legat schon bei uns mit. Er war gerade dabei, seinen Führerschein zu machen. Wir mussten oft auf anderen Plätzen trainieren und sind mit unseren Autos hingefahren. Katze und ich haben dann einmal zu Thorsten gesagt: Heute fährst du! Du machst bei uns eine Gratis-Fahrstunde! Der ist munter durch Bochum gebrettert. Und wir hatten unseren Spaß. Als uns am Stadion schließlich **Jupp Tenhagen** gesehen hat, gab es ein fürchterliches Donnerwetter!«

Thorsten Legat wollte man aufgrund seiner **»Rückenbeschwerden«** lieber nicht zum Dienst an der Waffe heranziehen. Auf die Nachfrage, ob er denn diese Schmerzen auch beim Fußball oder Bodybuilding spüre, antwortet Legat ehrlich: **»Nee, nur beim Spazierengehen.«**

Dass es immer gut ist, wenn man auf alle **Eventualitäten** vorbereitet ist, erfährt Legat eines Abends auf einem Remscheider Rastplatz. Sechs spätpubertäre Raufbolde malträtieren Legat und seinen Audi bei einer McDonald's-Filiale an der Autobahnraststätte Jägerwald so lange, bis dieser in Panik aufs Gaspedal drückt und auf einer Straßenschwelle laut scheppernd aufschlägt. Die Jungs jubeln, johlen und lachen herzhaft. Das allerdings ist endgültig zu viel für den ehrlichen Malocher aus dem Ruhrgebiet. Legat steigt aus seinem Audi A4 aus, rennt zum Kofferraum und zieht unter den entsetzten Blicken der jugendlichen Straftäter ein gefährlich funkelndes Samurai-Schwert hervor. Einige Male fuchtelt Legat mit dem Schwert in der Luft herum und gibt erst Ruhe, als alle Angreifer in die Flucht geschlagen sind. Anschließend verstaut er seine Waffe in aller Seelenruhe wieder im Kofferraum. Bei der Abfahrt soll Legat mit einem Blick in den Rückspiegel noch ein abschätziges **»Scheißkindergarten«** gemurmelt haben.

Starschnitt

Thorsten Legat

»Außerdem plane ich eine Autobiografie, das wird ein Bestseller. Wenn Effenberg das macht, kann ich das schon lange machen. Da kommt die Wahrheit bei einigen Leuten ans Tageslicht – ich habe nichts mehr zu verlieren.«

»Verstärken können die sich, aber nicht auf der rechten Seite. Da bin ich. Ich komme selber aussem Pott. Mein Vater war auf der Hütte. **Wenn ich wieder fit bin, zeig ich denen, wat malochen heißt.«**

»Nur die Harten kommen durch.«

(Zu Journalisten, als er, mit sieben Stichen genäht, frisch aus dem Krankenhaus kam)

»Die Bayern vertragen keine Härte, und ich bin der Erste, der anfängt damit.«

»Es war toll, es war klasse, es war **wie ein Albtraum**.«

(Nach einem hohen Heimsieg)

Der Beweis

Weil **Thorsten Legat** im Fitnessraum seines früheren Vereins, VfB Stuttgart, auf ein Poster, das seinen dunkelhäutigen Mannschaftskollegen Pablo Thiam mit einer Trinkflasche in der Hand zeigt, das Wort **»Negersaft«** geschrieben hat, muss er die Schwaben verlassen. Nun spielt er beim FC Schalke 04 und hat wieder nur Unsinn im Kopf. Als das offizielle Mannschaftsfoto der Schalker geknipst werden soll, raunt ihm von der Seite sein Mitspieler Olaf Thon zu: **»Legat, wenn du deine Hose bis zum Anschlag hochziehst, bekommst du von mir 500 Mark!«** Aus dem Hintergrund schaltet sich Andreas Möller ein: **»Ich erhöhe auf 1.000, Thorsten!«** Da lässt sich Legat nicht lange bitten, schiebt das Hemd in die Hose und zieht diese bis unter die Achseln hoch. Und tatsächlich schafft es Legat mit dieser Aktion unbemerkt in das »kicker«-Sonderheft. Dumm nur, dass Manager Assauer, als er das Magazin in den Händen hält, nicht viel Sinn für Humor zeigt: **»Mensch, Thorsten, was haste jetzt wieder angestellt? 20.000 Mark Geldstrafe, 5.000 Mark in die Mannschaftskasse und noch ein Essen für alle obendrauf.«** Als Legat noch kurz einwendet, dass sich das für ihn aber nicht rentieren würde, da er doch nur 1.000 Mark bekommen hätte für die Wette, schmeißt ihn Assauer hochkant aus seinem Büro.

Thorsten Legat & Uli Borowka

Uli Borowka erzählte einmal folgende Geschichte über seinen Mitspieler Thorsten Legat:

Eines Tages kam Thorsten schon mit schmerzverzerrtem Gesicht morgens zum Training. Coach Otto Rehhagel fragte, was denn los sei, und Legat antwortete prompt: **»TRAINER, ich habe mir über Nacht den Meniskus gezerrt. Ich würde schätzen, ich falle für die nächsten drei, vier Wochen aus!«** Rehhagel schaute Legat etwas irritiert an: **»Thorsten, das ist gut, dass Sie gleich zu mir kommen. Es ist hervorragend, dass Sie einzuschätzen wissen, was für eine Verletzung Sie haben, und fast unglaublich, dass Sie auch noch den Verletzungszeitraum eingrenzen können. Es wäre jedoch toll, wenn wir uns noch eine zweite Meinung einholen könnten – wenn das kein Problem ist?! Dann fahren Sie schon einmal los, und wir machen unterdessen einen Termin im Ärztehaus.«** Nach zwei Stunden kommt Legat gerade am Ende des Trainings auf den Platz gestürmt und schreit lauthals: **»Verarschen lass ich mich auch nicht!«** Dann packt er sich ein Ballnetz, rennt zwanzig Meter vors Tor, positioniert die Lederkugeln in einer langen Reihe und drischt mit Vollkaracho und dem vermeintlich verletzten Bein auf den leeren Kasten. Sofort kommen seine Mitspieler und Trainer Rehhagel angelaufen. **»Thorsten, was ist denn passiert?«**

Legat schnaubt vor Wut: **»Die haben mich anderthalb Stunden im Wartezimmer sitzen lassen. NIX IST PASSIERT!«** Rehhagel spricht betont ruhig: **»Das geht natürlich gar nicht. Da werden wir uns direkt mal erkundigen!«** Im Ärztehaus meldet sich eine nette Sprechstundenhilfe: **»Ja, wir haben uns auch schon gewundert, wo denn der Herr Legat bleibt. Gerade haben wir uns im Haus erkundigt: Herr Legat war wohl da, hat aber leider eine Etage zu tief gesessen – in der GYNÄKOLOGIE!«**
Thorsten Legat bestreitet übrigens, dass sich die Geschichte je so zugetragen hat!

5. Juni 1993: ausgelassene Meisterfeier im Entmüdungsbecken: Thorsten Legat (2.v.r.) mit Vizepräsident Klaus-Dieter Fischer (r.), daneben: Klaus Allofs, Dietmar Beiersdorfer und Stefan Kohn (v.r.)

Eine andere Story erzählt Thorsten Legat selbst:

Einmal mussten wir in Leverkusen antreten, und über meine Seite kam der Hans-Peter Lehnhoff. Vor dem hatte ich ein bisschen Bammel. Da habe ich zum Uli gesagt, ob er nicht mal was machen könnte. Und Uli hat gemeint: **»Gar kein Problem!«** Zu Hans-Peter Lehnhoff muss man wissen, dass er der legitime Vorfahre von Tim Wiese war – was die Gesichtsbräunung anging. Und da ist der Uli zum Lehnhoff hin und hat gesagt: **»Hans-Peter, wenn du einmal über links kommst, dann tret ich dir die Bräune aus dem Gesicht!«** Was soll ich sagen: Zur Halbzeit ist der Lehnhoff in der Kabine geblieben!

Starschnitt
Jens Lehmann

2009/10: VfB-Keeper Jens Lehmann legt in seiner letzten Bundesligasaison die Messlatte für kommende Torwart-Generationen noch einmal sehr hoch. Mit einer Reihe von außergewöhnlichen Aktionen sorgt er in der Liga nicht nur für Schlagzeilen, sondern trägt maßgeblich zum Unterhaltungswert der Spielzeit bei. So steigt Lehmann dem Mainzer Bancé absichtlich auf die Füße, klaut am selben Tag einem FSV-Anhänger die Brille, schmeißt den Schuh des Hoffenheimers Salihovic hoch auf sein Tornetz, zeigt den Fans des VfL Wolfsburg den Stinkefinger, pinkelt während eines Champions-League-Spiels hinter eine Werbebande und legt sich zu guter Letzt auch noch mit einem Balljungen an. Der hat bei der 1:0-Niederlage der Stuttgarter in Hannover dem heranstürzenden VfB-Keeper die Kugel nicht wie erwartet in die Hände geworfen, sondern über den Kopf. Lehmann verliert daraufhin das Gleichgewicht und stolpert gegen die Bande.

Der Balljunge rechtfertigt sich anschließend schulterzuckend: »Ich habe nur meinen Job gemacht. Ich habe ihm den Ball hoch zugeworfen und er kam dann auf seinem Kopf runter. Lehmann hat mich dann gefragt: ›Was soll der

Scheiß?« Der 40-jährige VfB-Torhüter will sich auch nach Spielschluss nicht beruhigen. Wütend steht er vor den TV-Kameras und sagt in die Mikrofone: »Wir machen Fehler, wir werden mit Fehlern von anderen Leuten konfrontiert. Die Balljungen spielen auf Zeit. Damit muss man in der Bundesliga leben. Am meisten hat mich heute die Kultur des Zeitspielens und des Betrügens gestört. Ich muss jetzt gehen. Ich muss nach Hause, meine Kinder gut erziehen, damit die sich korrekt verhalten!«

»Ab und zu schon, glaub ich. Kann ich mich jetzt nicht dran erinnern.«

(Jens Lehmann auf die Frage, ob Matthias Sammer seine Mannschaft wenigstens intern mal lobt)

Auch ein Novum in der Bundesliga:
Jens Lehmann fliegt gerne mit einem Helikopter nach dem Training nach Hause!

Starschnitt Stan Libuda

Auf der Beerdigung des Schalker Idols **Stan Libuda** hat 1996 Pfarrer Goldmann in der Dreifaltigkeitskirche in Gelsenkirchen in theologisch korrekter Abwandlung der inzwischen berühmten Sentenz gesagt: **»An Gott kommt keiner vorbei, auch nicht Reinhard Libuda.«** Acht lange Jahre kommt aber auch kein Besucher des Grabes des einzigartigen Stan an einer ungeheuren Peinlichkeit vorbei. Von 1996 bis 2002 steht auf seinem Stein nämlich »Rainhard Libuda«, bis Schalke 04 – in Person des damaligen Managers Rudi Assauer – endlich für das »e« in Libudas Vornamen sorgt. Auch ohne eigenes Denkmal wird der Flügelstürmer aber seinen Fans immer im Gedächtnis bleiben, als einer der Größten, der je auf Schalke gespielt hat. Oder wie Günter Siebert es in einem Anflug von Poesie einmal sagte: **»Was die Callas im Singen war, das war der Stan für den Fußball.«**

Der gebürtige Wattenscheider Willi Schulz schnalzt noch heute mit der Zunge, wenn er an den quirligen Jungen auf Rechtsaußen denkt: *»Libuda hat alle schwindelig gespielt. Gegen Schottland hat der gegen den Tommy Gemmell gestanden. Der fuhr zurück auf die Insel und hat sich am nächsten Tag mit dem Rasenmäher einen Zeh abgeschnitten, weil er sich immer noch wie ein Kreisel drehte. Denkst du an Stan, ist der Zeh weg – ja, so war das damals.«*

Reinhard »Stan« Libuda vor seinem Toto-Lotto-Geschäft 1975

»Ich bin ein anderer.«

»Mensch – ich bin doch der Libuda!«

(Auf den Hinweis seiner Thekennachbarin, nach drei geschnorrten Zigaretten könne er sich gefälligst eine eigene Packung kaufen)

»I am the white ring.«

(Libuda meinte wohl eigentlich ***»right wing«****, also Rechtsaußen.)*

»Ich habe noch nie einen Spieler gesehen, nie davor, nie danach, der so oft seinen Gegner per Beinschuss vernatzt hat. Aber nicht, dass er sich das vorher überlegt hatte, das kam bei ihm spontan, intuitiv.«

(Friedel Rausch)

»Was denkst du, was deine Frau jetzt zu Hause macht!?«

(Beliebter Spruch von Gegenspielern zu Stan Libuda)

Libuda weicht im Kreise der besten Fußballer Deutschlands den Journalisten aus, um keine Interviews geben zu müssen. Seine Begründung: **»Ich kann doch bei der Nationalmannschaft nicht dat und wat sagen.«**

»Dieser Mann ist nur mit einer Flinte zu stoppen.«

(Bulgariens Nationaltrainer Dr. Boskov)

Starschnitt

Ewald Lienen

»»**Müsli-Ewald**‹, wie wir ihn nannten, fühlte sich berufen, vor allem uns jüngere Spieler von den angeblich unschlagbaren Vorteilen eines frisch gemahlenen Müslis zu überzeugen. Gesunder Ernährung war ich als Leistungssportler natürlich nicht generell abgeneigt, aber Ewald ging mir damals doch ziemlich auf den Keks. Während wir anderen versuchten, ein kleines Mittagsschläfchen zu halten, **röhrte aus Ewalds Zimmer die mitgebrachte Müsli-Maschine**. Wie viele schlechte Träume das Teil ausgelöst hat, möchte ich gar nicht wissen.«

(Mannschaftskamerad Uli Borowka in seinem Buch »Volle Pulle«)

»Ich werde einen Teufel tun und Ewald widersprechen. Er hat sich ja alles ganz genau notiert.«

(Felix Magath zur Spielanalyse von Ewald Lienen)

»Der Ewald Lienen saß früher auf der Trainerbank mit Bleistift, Block und einem Gesicht wie bei einer Vollbremsung.«

(Max Merkel)

»Wenn du heute in die Fußgängerzone gehst, musst du aufpassen, dass nicht **jeder Dritte** dich anspricht und **dir einen Spieler andrehen** will.«

»Wir haben 90 Minuten seriös um die Punkte gekämpft.«

»Man kann von bestimmten Leuten derart geschickt ein Bein gestellt bekommen, dass man sein Leben lang hinfällt.«

»Mein Thema heute ist das Spiel gegen den 1. FC Stuttgart.«

Ewald Lienen spielt Tischfußball mit Kindern in einem Heim für geistig Behinderte.

»Manchmal denk' ich, was da auf meinem Hals sitzt, ist nur ein riesiger Fußball.«

»Wenn wir heute Abend schon mit Karneval anfangen, am 11.11., in welchem Zustand sollen wir dann im März sein?«

Starschnitt
Willi Lippens

»SCHWEISSNASSEN Händedruck vonne Kumpels – mehr brauch ich nicht!«

(Auf die Frage, was ihm seine Mannschaftskameraden zum Geburtstag schenken)

»Ich geh jetzt nach Amerika, denn da gibt es noch einige Verteidiger, denen ich noch keine Knoten in die Beine gespielt habe.«

»Je älter ich werde, desto größer trumpfe ich auf. Wenn das so weitergeht, bin ich in einigen Jahren überhaupt nicht mehr zu bremsen.«

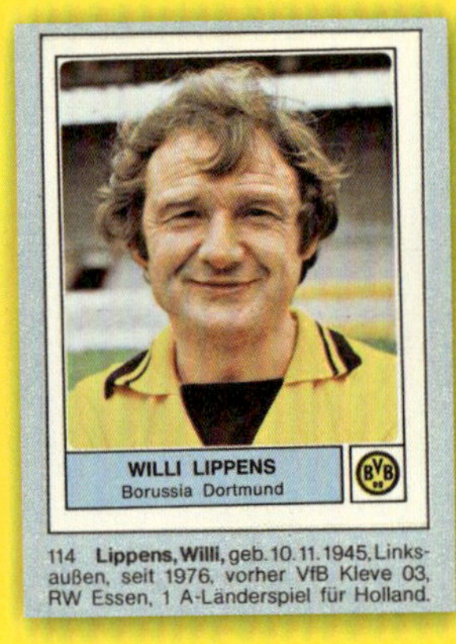

Frage: »Herr Lippens, seit wann haben Sie Senk-, Spreiz- und Plattfüße?«

Antwort: »Seit ich in Holland die Berge plattgetreten habe.«

»Ich habe nie eine Torchance überhastet vergeben. Lieber habe ich sie vertändelt.«

Willi Lippens weiß, wem er seine Karriere zu verdanken hat. Mit Pathos in der Stimme sagt er auch heute noch: **»In jedem Zuschauer habe ich meinen besten Freund gesehen.«**

Sein Gegenspieler von Werder Bremen, Jürgen Röber, erinnert sich an eine Geschichte, die seinem Mannschaftskameraden Karl-Heinz Kamp widerfahren ist: »Ich werde nie vergessen, wie der Willi Lippens dem Kamp aus drei Metern anzeigte: Da kriegste ihn hin! Und dann schob er dem ohnmächtigen Kalli vergnügt den Ball durch die Beine.«

Der junge Präsident Reinhard Rauball lässt Willi Lippens in der Saison 1978/79 vorzeitig in die USA ziehen – und beinahe geht die Sache schief, wie sich Rauball erinnert: **»Das war eine sentimentale Handlung, die man sich in diesem knallharten Geschäft Bundesliga nicht erlauben dürfte. Wehe, wenn wir abgestiegen wären. Ich hätte den Rest meines Lebens um jede Ente einen weiten Bogen gemacht.«**

»In Wanne-Eickel ist ein Hecht gestorben und die Karpfen sind alle dahin zur Beerdigung.«

(Auf die Frage, warum er denn beim Angeln noch nichts gefangen habe)

»Ente« Lippens und »Manni« Burgsmüller im Jahr 1974

Starschnitt
Pierre Littbarski

»In der ersten Halbzeit haben wir ganz gut gespielt, in der zweiten fehlte uns die Kontinu…, äh Kontuni…, ach scheiß Fremdwörter: Wir waren nicht beständig genug!«

»Wir stehen weit hinten, haben fast keine Pluspunkte. Woran man wieder mal erkennt: Am meisten vermisst man eben die Dinge, die man noch gar nicht so richtig besessen hat.«

Kenner-Urteil über Kölns Littbarski:

Keiner dribbelt wie Pierre

»Eine Mutter Teresa, die den 1. FC Köln gesundbeten will.«

(»Süddeutsche Zeitung«)

»Sag mir, wenn du Geburtstag hast, damit ich dir rechtzeitig einen eigenen Ball schenken kann.«

(Der niederländische Trainer Rinus Michels zu Pierre Littbarski, nachdem dieser das Fummeln etwas übertrieben hatte)

»Wenn wir so weitermachen, können wir vielleicht auch da wieder anknüpfen, wo wir eigentlich hinwollen.«

Pierre Littbarski (1. FC Köln)
Autogrammadresse: An der Holzhecke 11, 5020 Frechen-Bachem

»Hansa hat den Platz wie angekündigt umgegraben, obwohl der das ja eigentlich vorher schon war.«

(Über den Zustand des Rasens und die Spielweise von Hansa im Ostseestadion)

»Wir sind doch als Fußballer in erster Linie **Künstler**, die mehr vom **Applaus** leben als vom **Geld**.«

»Die beste Mannschaft ist immer die,
in der ich aufgestellt bin.«

»Dass ich eine sportliche Disziplin ausübe, bedeutet doch nicht, dass ich Sport nur aus Disziplin ausübe.«

Berühmte Fußball-Stars: Wo sie wohnen wie sie leben

Ich hab' noch einen Koffer in Berlin

Er kam, sah und siegte. Sowohl in Köln beim Star-Ensemble des 1. FC als auch bei Derwall in der Nationalmannschaft: Pierre Littbarski, dem man den Berliner noch an der Sprache anmerkt und der auch keinen Zweifel daran läßt, daß es ihn eines Tages in die Spreeathener Heimat zurückziehen wird.
Weshalb Hertha BSC ihn nicht engagierte, ist für Littbarski noch heute ein Rätsel.
Rainer Kalb besuchte die Littbarskis in Köln

Den Ball am Fuß. Ihn mitnehmen und nicht

Fußball konzentrieren. Er spielt schlecht, ist im Training

Starschnitt ....

Hannes Löhr

»Das **A** und **O** beim Fußball bleibt das **Aah** und **Oh** auf den Rängen.«

Löhr, auch »De Nas« genannt, beendet nach 724 Spielen seine Karriere. In der abwechslungsreichen Laufbahn gab es für ihn nicht immer nur Sonnenschein. Krankheiten zeichneten seinen Weg: Tuberkulose, eine Lebererkrankung und eine schwere Blutvergiftung musste er überstehen. Doch Löhr klagt nicht, im Gegenteil:

»Ich war doch kein Pechvogel, sondern eher ein Glückspilz, weil ich alles so schnell überwand.«

»Ich weiß gar nicht, warum ich mich so abrackere. Demnächst lasse ich mich erst fünf Minuten vor Schluss einwechseln.«

(Nachdem ihm kurz hintereinander zwei entscheidende Tore in den letzten Spielminuten gelungen waren)

Hannes Löhr spielte in seiner Freizeit auch gerne Tennis.

1971: Hannes Löhr liegt verletzt im Krankenhaus und wird von Krankenschwester Lilli versorgt.

Beim Zusammentreffen des FC Bayern zu Hause gegen den 1. FC Köln am 16. Spieltag (1:2) der Saison 1973/74 zelebrieren **Hannes Löhr** und Bayern-Keeper **Sepp Maier** einen Showact, den sie schon lange einmal ausprobiert haben wollten. Abgemacht ist: **»Ich werde dir einmal während des Spiels den Ball hinwerfen und dann spielst du ihn mir zurück!«** So Maier zu Löhr. Wohlgemerkt: Der Münchner Torwart will vor seinem eigenen Kasten das Spielgerät zum Kölner Stürmer schmeißen – in der Hoffnung, dass dieser die Situation nicht ausnutzt und das Leder direkt zu ihm zurückpasst. Doch genau das tut Löhr nicht – wenigstens nicht sofort. **Sechs Meter vor dem Kasten will der Kölner erst noch Maier umkurven, bevor er ihm den Ball zurückspielt.** Doch da wird die Lage selbst dem ansonsten immer so lustigen Bayern-Torwart etwas zu unübersichtlich. **Wütend schnappt er seinem Freund das Leder vom Fuß und ballert die Kugel weit in die Kölner Hälfte.** Die Zuschauer sind dennoch sehr angetan von diesem inszenierten Spektakel.

Starschnitt …………………
Philipp Lahm

»Oft bin ich vom Training nach Hause gekommen und habe zu meiner Frau gesagt: **›Gudrun, dem Philipp Lahm beim Training zuzusehen, ist wie Bratwurst essen. Ein richtiger Genuss.‹«**

(Hermann Gerland)

»Ich habe schon einen Vor-Vor-Vorvertrag unterzeichnet.«

(Zum angeblichen Interesse von Real Madrid an seiner Person)

»Das ist ärgerlich, aber kein Beinbruch.«

(Matthias Sammer über den Ausfall von Lahm, der sich einen Ermüdungsbruch im rechten Fuß zugezogen hatte)

»Während eines Spiels die Position von der einen auf die andere Seite zu verändern, ist etwa so anspruchsvoll, wie mit einem linksgesteuerten Auto im dichten Berufsverkehr von London ausgesetzt zu werden.«

»Philipp ist kein Mann für eine Nacht, der hat meistens gar nicht so viel Zeit!«

(Mehmet Scholl)

»Auf dem Platz Weltklasse, außerhalb Kreisklasse.«

(Rudi Völler)

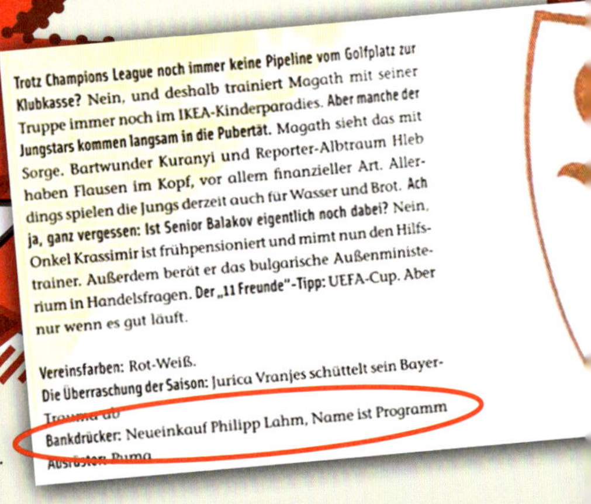

Trotz Champions League noch immer keine Pipeline vom Golfplatz zur Klubkasse? Nein, und deshalb trainiert Magath mit seiner Truppe immer noch im IKEA-Kinderparadies. **Aber manche der Jungstars kommen langsam in die Pubertät.** Magath sieht das mit Sorge. Bartwunder Kuranyi und Reporter-Albtraum Hleb haben Flausen im Kopf, vor allem finanzieller Art. Allerdings spielen die Jungs derzeit auch für Wasser und Brot. **Ach ja, ganz vergessen: Ist Senior Balakov eigentlich noch dabei?** Nein. Onkel Krassimir ist frühpensioniert und mimt nun den Hilfstrainer. Außerdem berät er das bulgarische Außenministerium in Handelsfragen. **Der „11 Freunde"-Tipp:** UEFA-Cup. Aber nur wenn es gut läuft.

Vereinsfarben: Rot-Weiß.
Die Überraschung der Saison: Jurica Vranjes schüttelt sein Bayer-Trauma ab
Bankdrücker: Neueinkauf Philipp Lahm, Name ist Programm
Ausrüster: Puma

»Wenn der kein großer Spieler wird, werde ich Wasserball-Trainer!«

(Hermann Gerland)

Saisonvorschau 2003/04 der 11 Freunde, bei der Einschätzung Lahms lag man damals »etwas« daneben.

M.

Starschnitt
Felix Magath

Vom 1. Juli 1990 bis zum 15. Januar 1992 war Magath Manager bei Bayer Uerdingen.

»Felix Magath ist der letzte Diktator Europas.«

(Bachirou Salou)

»Noch eine Bemerkung zu Magath. Als der Clemens Tönnies ihn in Schalke entlassen hat, sagte er zu ihm: Wenn Sie so weitermachen mit ihrem Kader mit 45 Mann, dann brauchen wir für die Mannschaft einen Gelenkbus. Da entlasse ich Sie lieber!«

(Uli Hoeneß)

»Wenn die Spieler im Urlaub etwas getan haben, dann können wir uns in Dubai Waldläufe ersparen.«

Cup-Platz.

MAL EHRLICH
Felix Magath
(Manager von Bayer Uerdingen)

Sind Sie als Dressman besser geeignet wie als Manager?

Der Hut steht mir gut. Das kann jeder sofort erkennen. Die Leistungen eines Managers lassen sich erst im nachhinein erkennen.

»Der Trainer hat gesagt, ich hätte muskuläre Probleme.«

(Jermaine Jones auf die Frage, warum Magath ihn nicht aufgestellt habe)

»Ich habe viel mit Mario Basler gemeinsam. Wir sind beide Fußballer, wir trinken beide gerne mal einen, ich allerdings erst nach der Arbeit.«

»Wenn er sich bei Interna nicht zurückhalten kann, gibt es nur einen Verlierer. Wenn er weiter attackiert, werde ich auspacken, und das ist so wie bei Star Wars, wenn das Imperium zurückschlägt!«

(Jan Åge Fjørtoft zu einigen Äußerungen von Felix Magath nach dessen Entlassung)

»Grundsätzlich ist es mir egal, was meine Spieler essen und trinken. Hauptsache, sie nehmen mir bei McDonald's keinen Platz weg.«

»Ich hätte wohl gekündigt und wäre nach Peru zurückgegangen. Da hätte ich lieber Steine geschleppt und Erde umgegraben, als unter Herrn Magath zu spielen.«

(Schalkes Jefferson Farfán)

»Habt ihr nur Scheiße im Hirn, warum schießt Altintop Freistoß?«

(Als Trainer auf Schalke während eines Testspiels zu seinen Spielern auf der Bank)

»Wenn mein Vater da gewesen wäre, hätte sich mein Leben vollkommen anders entwickelt. Viel zielgerichteter. Dann wäre meine Mutter zu Hause gewesen. Ich hätte vernünftig für die Schule gearbeitet, einen normalen Beruf erlernt und wäre nicht in den Fußball abgedriftet.«

Mit dem VfL Wolfsburg war Felix Magath sehr erfolgreich: 2009 wurden sie zusammen Deutscher Meister.

Noch erfolgreicher war er als Spieler beim HSV (1976–1986): Drei Meisterschaften und zwei Europapokalsiege stehen seitdem in Magaths Vita.

Felix Magath und sein berühmt-berüchtigtes Training

»Jetzt laufen wir mal zügig den Berg hoch. Wir ... also, das heißt, du und die beiden Medizinbälle.«

(Felix Magath)

»Wer unter **Magath** trainiert, der freut sich aufs **Sterben**.«

(Reiner Calmund)

»Demnächst werden wir wohl auf Alcatraz unser Trainingslager abhalten.«

(Jan Åge Fjørtoft über Magaths Trainingsmethoden)

»Wenn ich als 48-Jähriger noch mithalten kann beim Konditionstraining, dann kann ich das auch von meinen Spielern verlangen.«

(Felix Magath)

»Weil wir so wenig trainieren.«

(Felix Magath auf die Frage, warum seine Mannschaft trotz 28 Saisonspielen so fit sei)

Lauftraining bei der Eintracht, und Magath ist wirklich dabei …

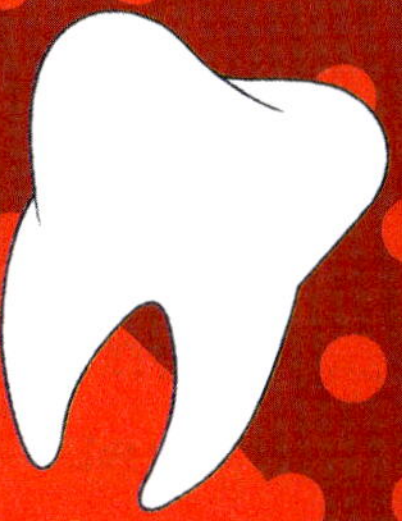

»Magaths Training ist wie ein Zahnarzttermin. Man fürchtet sich vorher, aber danach fühlt man sich besser!«

(Jan Åge Fjørtoft)

»Die Spieler können so lange **Ostereier** suchen, wie sie wollen. Vor lauter Training werden sie keine finden.«

(Felix Magath)

»Wir verdienen so viel **Geld**, da können wir uns auch mal richtig **auskotzen**.«

(Ralf Weber zur Vorbereitung unter Felix Magath)

Frankfurts Youngster Ralf Weber

Ich will wissen, woran ich bin

Im zerrissenen Kader der Frankfurter Eintracht bildet er einen ruhenden Pol: Ralf Weber kommt mit allen gut aus. Ob er bei der Eintracht bleibt, steht noch in den Sternen. Dort herrscht oft Unruhe.

fenbachers liegen zum einen in
seinem ausgeprägten Kopfball-
spiel, zum anderen in seiner
Vielseitigkeit. Weber steht sei-
nen Mann im Deckungszentrum
als Vorstopper und wurde schon
als Nachfolger von Bundesliga-
Rekordspieler Karl-Heinz Körbel
gehandelt. Die meisten Spiele
bestritt Ralf im defensiven rech-
ten Mittelfeld, meist als „Notna-
gel" und oft dazu immer dann,
wenn Stammspieler Heinz
Gründel nicht zur Verfügung

Klaus Gerster zu schaffen mach-
te. Denn der Vertrag von Ralf
Weber läuft zum Ende dieser
Saison aus und trotz eines „gu-
ten Angebotes" (Klaus Gerster)
konnte sich Weber noch nicht
zu einer Vertragsverlängerung
durchringen.

„Es sind noch einige Dinge zu
klären." Der 20jährige will sich

Ein junger Mann voller Ehrgeiz und großer Träume: Ralf Weber hat sich den Sprung in die Nationalmannschaft zum Ziel gesetzt.

Zeit lassen mit der Entscheidung, weiß er doch die besseren Karten im Vertragspoker in den eigenen Händen. Andere Angebote aus der Bundesliga liegen vor. Druckmittel, die Weber nutzen will, um seine eigene Position auszubauen.

Ralf Weber geht es in den Vertragsverhandlungen nicht nur ums Geld. Er will wissen, auf welcher Position seine Zukunft bei der Eintracht liegt und in welcher Mannschaft er in der kommenden Saison spielt. „Im Prinzip", sagt er, „würde ich schon gerne bleiben. Aber nicht um jeden Preis." Schon gar nicht als Mittelfeldspieler auf der rechten Seite. Da könne er einfach nicht seine optimale Leistung bringen, ist Weber sicher. Trainer Jörg Berger sieht das ähnlich, ist aber nicht bereit, dem 20jährigen irgendwelche Garantien zu geben.

„Ich stelle die Spieler so auf, wie es für die Mannschaft am besten ist", beharrt Berger. Und dies heißt für Ralf Weber, daß er zumindest bis zum Ende dieser Saison auch weiterhin im rechten Mittelfeld aushelfen muß, wenn Not am Mann ist.

Ralf Weber fällt es unheimlich schwer, dies zu akzeptieren, zumal er durchaus auch weitergehenden sportlichen Ehrgeiz entwickelt. Der hundertprozentige Stammplatz bei der Eintracht sei nur sein erstes Ziel, sagt er, der Sprung in die Nationalmannschaft der große Traum. Ob über die Eintracht oder einen ande-

Kommen

Es scheint, als fand noch immer der Unfriede Platz in Frankfurts Team. Die neuen Spekulationen um Möller (zu Riedle nach Lazio Rom?) reißen nicht ab.

Starschnitt
Sepp Maier

»Ich habe nie Angst vor irgendwelchen Stürmern. Angst habe ich nur vor Idi Amin *(ehemaliger ugandischer Diktator)*.«

»Mir hat unser Koch, der Sauhund, immer was ins Essen getan, da hat sich unten nichts gerührt. Und wenn, dann hab ich auf Handbetrieb geschaltet.«

(Über menschliche Bedürfnisse im Trainingslager)

»Ja, außer den genannten Viecherln mag ich auch noch sehr die zweibeinigen Haserln, von Caroline bis Stefanie.«

(Der Pferdebesitzer und Hundefreund)

»Zuschaun tu i net, aber beim Duschn geh i mit ...«

(über Frauenfußball)

»Eine Stunde vor dem Spiel noch mal Sex – das macht schön locker, **zack-zack**, da geht's viel besser.«

Hier setzte sich Sepp gern ins Bild

Ein Star, dem die Bretter die Welt bedeuten, und ein Star, dem der Rasen die Welt bedeutet: Schlagersängerin Manuela und Bayern-Keeper Sepp Maier trafen sich bei „adidas" in Herzogenaurach

»Ich habe seit meinem 15. Lebensjahr im Tor gestanden, mich öfter als eine **halbe Million Mal in den Dreck geworfen. Lässt das Rückschlüsse auf meinen Geisteszustand zu?**«

»Was soll's? Die Leute war'n zufrieden vom Stadion, nur mit mir nicht.«

(Zur 7:4-Niederlage der Bayern in Kaiserslautern 1973 nach 4:1-Führung)

»Für mich waren die Bayern die elegantere Mannschaft. Und ich war auch ein eleganter Mensch.«

»Wer die Lacher auf seiner Seite hat, muss sie noch lange nicht hinter sich haben.«

»Ich denke gern an meine Zeit als Fußballer zurück. **Damals – das ist immer das Paradies.«**

»Selbst Pál Csernai kann nicht verhindern, dass der FC Bayern München Deutscher Meister wird.«

(Über seinen Trainer)

Torwart Sepp Maier und Trainer Cajkovski mit einem Esel auf einem Bankett im Sommer 1967, dahinter in der Mitte steht Werner Olk.

Starschnitt

Roy Makaay

»Vor dem Strafstoß zum dritten Streich des Roy Makaay durchströmte ein erwartungsfrohes Raunen das Münchner Olympiastadion, als hätte Sir Simon Rattle das Podium betreten, den Dirigentenstab gehoben und seine Berliner Philharmoniker auf ein großes Konzert eingestimmt.«

(»Frankfurter Allgemeine Zeitung«)

»Die Nummer 9 ist immer etwas ganz Besonderes.

Das sind die spektakulären Spieler, die auch die Zuschauer ins Stadion ziehen.«

*(Uli Hoeneß bei der Präsentation von Roy Makaay, der die **Nummer 10** trägt)*

»Was ich gerne von Roy Makaay hätte? Sein Alter.«

(Martin Max)

»Gelegentlich scheint es, als sei **Roy Makaay ein Schlafwandler,** der nächtens aus dem Bett gefallen und auf einen Fußballplatz gestolpert ist.«

(»Süddeutsche Zeitung«)

»Ich würde ihn sogar frühmorgens um fünf Uhr vom Flughafen abholen, wenn er kommt.«

(Giovane Elber über den möglichen Neuzugang)

»Ich war die ersten drei Wochen nicht da. **Ich glaube, das war auch besser so.«**

(Roy Makaay auf die Frage, wie hart das Training unter dem neuen Trainer Felix Magath gewesen sei)

»Demichelis – im Vergleich zu Makaay **die Aldi-Variante.«**

(Bernd Schmelzer über die beiden Neuzugänge von Bayern München)

Roy Makaay und Ehefrau Joyce anlässlich des Banketts zum Pokalsieg 2005/06

Starschnitt
Lothar Matthäus

»Da geht ein großer Spieler.
Ein Mann wie Steffi Graf!«

(Jörg Dahlmann über Lothar Matthäus)

Das planen die Münchner nach ihrer „11." Deutschen Meisterschaft

Bayern soll werden wie Steffi Graf...

höchstes Niveau, weltweit bekannt – und so beliebt

»Ich dachte, er kommt mit dem Hubschrauber.«

(Ottmar Hitzfeld, nachdem er versehentlich seinen Wagen auf dem Parkplatz von Lothar Matthäus abgestellt hatte)

»Es würde mir aufs Gemüt schlagen, etwas abzuschaffen, was Lothar mochte.«

(Bayern Münchens Busfahrer Rudi Egerer, der auch nach dem Abschied von Lothar Matthäus dessen Lieblingsgebäck Marmorkuchen bei jeder Fahrt mitführte)

»Ich hab früher schon in der Westkurve gestanden und Lothar Matthäus beschmissen.«

(Mario Basler)

»Warum muss Deutschland den Zuschlag für die Fußball-WM 2006 erhalten? Weil Lothar Matthäus dann nicht mehr transportfähig ist.«

(Mehmet Scholl)

»Ich hab' keine Probleme, mit Werner Lorant mal ein Bier zu trinken – **oder auch mal ein Kaugummi zu kauen!«**

»Wir dürfen jetzt nur nicht den Sand in den Kopf stecken!«

»Wir sind eine gut intrigierte Truppe.«

»Die Schuhe müssen zum Gürtel passen.«

»Ein Lothar Matthäus lässt sich nicht von seinem Körper besiegen, ein Lothar Matthäus entscheidet selbst über sein Schicksal.«

»Vielleicht komme ich mal als Karnickel wieder auf die Welt.«

»Ich möchte keine Frau sein, sonst würde ich ständig an meinem Busen spielen!«

Starschnitt Lothar Matthäus

Lothar Matthäus ist ein Bälle-Narr, wie sein Entdecker Nowak so schön sagt:

»Wenn in Herzogenaurach ein Ball aufgepumpt wurde, war der Lothar schon in der Nähe.«

Noch vor der Hochzeit trennt sich Matthäus von seiner Verlobten Silvia. In der »Bild« steht: **»Jungstar Matthäus warf Verlobte raus!«** Und was sagt der junge Mann? Kein Kommentar? Nein, Matthäus gibt genauestens Auskunft über sein Seelenleben: »Früher habe ich sehr oft gemacht, was die Silvia wollte. Aber ich bin älter geworden und habe mich entwickelt. Dann hat es eben nicht mehr geklappt.« Er lernt Rosi aus Augsburg kennen. Jedoch: »Aber wenn die Silvia, mit der ich ja über 15 Monate zusammen war, ein Problem hat, dann helfe ich ihr selbstverständlich.« **Zwei Monate später rief er reumütig bei Silvia an und heiratete sie später doch noch.**

Lothar und Silvia bekommen bei ihrer Hochzeit sogar ein Glücksschwein überreicht.

»Komm, Schatz – und jetzt einen **Zungenkuss** für die Herren von der Presse.«

(Zu seiner Freundin)

»Franz ist für mich Lichtgestalt, Freund und Gottvater.«

(Lothar Matthäus)

»Wenn ich mit allen Leuten, mit denen ich schon Ärger hatte, nicht mehr sprechen würde oder zusammenarbeiten könnte, stünde ich des Öfteren alleine auf dem Platz.«

»Ein Lothar Matthäus hat es nicht nötig, von sich in der dritten Person zu sprechen.«

(Auf die Frage bei einer Pressekonferenz, warum er öfter von sich in der dritten Person spreche)

»I look not back, I look in front.«

»Das Chancenplus war ausgeglichen.«

»Ich hab gleich gemerkt, das ist ein **Druckschmerz, wenn man draufdrückt.«**

Starschnitt
Max Merkel

»Viele alte Leute haben das Glück, körperlich und geistig gesund Ratschläge und Erkenntnisse weitergeben zu können. Herr Merkel gehört leider nicht dazu. Ihm ist aber zu wünschen, dass er wenigstens körperlich unversehrt bleibt.«

(Benno Möhlmann)

»Der Nerlinger, der schießt auf 100 Meter 'ne Kuh kaputt!«

(Max Merkel über Christian Nerlinger)

»Ich glaube, es ist leichter, **einen Rollmops durch Mund-zu-Mund-Beatmung** wieder ins Leben zu holen.«

(Max Merkel über die UEFA-Cup-Chancen des BVB)

»Der lange Koller neben dem schmächtigen Rosicky – ich dachte, da führt einer seinen Yorkshire Gassi.«

(Max Merkel über die Dortmunder Jan Koller und Tomas Rosicky)

»Da gibt es ja auch noch den Künstler Smolarek. An guten Tagen kann der Pole **einen Eckball treten und ihn danach höchstpersönlich gleich ins Tor köpfen**. Wehe aber, es läuft nicht! Smolarek ist ein Sensibelchen. Wenn ihm morgens beim Frühstück ein **weichgekochtes Ei auf den Fuß fällt, rennt er zum Arzt und redet von Mittelfußbruch**.«

»Der behandelt Spieler, als wären das alles Menschen zweiter Klasse. Als Spieler muss man unheimlich auf die eigene Frau aufpassen, wenn er in der Nähe ist.«

(Max Merkel über Udo Lattek)

»Der neue BVB-Chefeinkäufer kann da nur Harry Hungermann heißen.«

(Über die Neuzugänge bei Borussia Dortmund)

»Der Bengel ist so empfindlich, der holt sich sogar einen Schnupfen, wenn er zu nah an der Drehtür steht.«

(Max Merkel über Andreas Möller)

Starschnitt
Hans Meyer

»Ich kann saufen ohne Ende.«

»In meinem grenzenlosen Optimismus habe ich damals nach der Wende geglaubt, dass morgen oder spätestens übermorgen **die Bayern bei mir anrufen.«**

»Wir sind völlig unverständlich auf den **Pfad der Verunsicherung** geraten.«

»Vor zwei Jahren gab es hier auf der Pressekonferenz noch Brötchen. Ich denke, das sind die ersten Auswirkungen der Kirch-Krise.«

»Ich musste lesen, dass sich der Meyer für klassische Musik interessiert. Da lachen sich ja alle, die mich kennen, halbkrank! Fürs Kulturelle ist eher meine Frau zuständig.«

»Ich werde nicht vorher bekannt geben, wer spielt, sonst hat Bayern-Trainer Ottmar Hitzfeld noch eine **schlaflose Nacht.«**

(Vor einem Spiel gegen den Rekordmeister aus München)

Der Gladbacher Fanblock bedankt sich mit einem Plakat bei Ex-Trainer Hans Meyer.

»Wenn ich mit dem System Weihnachten im gesicherten Mittelfeld bin, dann können wir drüber reden. Aber nach einem Spieltag werde ich mich hüten, meinen Kopf so weit aus dem Fenster zu halten. Doch wenn Sie schreiben, Hans Meyer hat ganz alleine gewonnen, dann haben Sie natürlich recht.«

(Nach einem 1:0 gegen Bayern München im ersten Saisonspiel)

»Seit drei, vier Wochen haben die Spieler keine Angst mehr vor mir.«

(Auf die Frage, warum es bei Borussia Mönchengladbach so gut läuft)

»Ich gehe in **keine Spielbank**, kaufe **keine Schweinefarm**, wo mir die Schweinepest später alles kaputtmacht. Ich mache **keine Weltreisen**, gebe **keine Party** für 50.000. Ich gehe alle vier Jahre mal **für 5.000 Mark Klamotten einkaufen**, das war's.«

(Auf die Frage, wie er privat sei)

»Meine Frau lässt mich nicht in den Garten, weil ich die Rosen nicht vom Blumenkohl unterscheiden kann.«

»Ich verspreche euch: Wir verlieren nie wieder!«

(Am Ende der Saison zu den Fans)

Starschnitt
Frank Mill

»Der ist mit allen Abwassern gewaschen.«

(Norbert Dickel)

»Auf ewig verewigt, was bedeutet das schon?«

(Nachdem er das 25.000. Tor der Bundesliga-Geschichte erzielt hatte)

»Ich habe so dicke Waden, dass ich die Schienbeinschoner nicht unter den Stutzen tragen kann. Der Hersteller ist seit Jahren nicht in der Lage, größere Stutzen anzufertigen. In die vorhandenen Dinger passen nur Fußballer rein, die ihre Beine in Fanta-Flaschen baden können.«

»Wieso zweiter Frühling? Ich erlebe meinen vierten!«

»Würden Sie mit Heino eine Platte aufnehmen, wenn der Erlös für einen guten Zweck ist?«, fragt Gunnar P. aus 2370 Osterrönfeld. Antwort: **»Ja, würde ich machen, aber nur, wenn ich dabei genauso aussehen darf wie Heino.«**

Einer der größten **»Schauspieler der Bundesliga«** darf endlich sein Talent beim Film beweisen. Frank Mill spielt eine Rolle im WDR-Krimi **»In den Todeskrallen des Dr. Do«**, einer Persiflage auf den Film **»James Bond jagt Dr. No«**. Mill spielt sich im Krimi selbst und wird vom verrückten Dr. Do, dargestellt von Piet Klocke, entführt.

»Ich bin zwar ein ALTER HASE, aber noch lange kein ALTER GAUL.«

»Der **Mill verarscht** uns schon seit Jahren.«

(Otto Rehhagel, nachdem dieser schon wieder gegen Werder getroffen hatte)

Starschnitt

Andreas Möller

»Das kommt noch.«

(Auf die Frage, warum er es trotz vieler Erfolge nie zum Weltstar gebracht habe)

»Das ist eine Deprimierung.«

»Wer sein böses Image weg hat, kann strampeln wie ein Maikäfer auf dem Rücken. Keiner hilft einem auf die Beine. Dabei bin ich doch ein **ganz normaler Junge**.«

Teurer als die Beene von Marlene

Die Beine der Dietrich waren mit 1,8 Millionen Mark versichert. Die von Andreas Möller sind 9,5 Millionen wert. Wer zahlt eigentlich wieviel für wen?

Andreas Möller als „Blauer Engel“. Seine echten Beine sind die teuersten der Liga.

kicker-Montage

»Hoffentlich wird er nur für ein Spiel gesperrt.«

(Nach einer Gelb-Roten Karte für seinen Gegenspieler nach einer Schwalbe von Möller)

»Mein Problem ist, dass ich immer **sehr selbstkritisch** bin, **auch mir selbst gegenüber**.«

»Endlich seid ihr die Schwuchtel los.«

(Campino zum Dortmunder Konzertpublikum nach Andreas Möllers Wechsel zu Schalke 04)

»Nein, das machen wir nicht. Das machen wir wieder rückgängig.«

(Schmunzelnd verkündete Reaktion von Schalkes Routinier Olaf Thon auf die Verpflichtung von Andreas Möller)

Farbenfrohes Fotoshooting im August 1991: Andreas Möller (li.) mit seiner Freundin Michaela und Uwe Bein und seiner Ehefrau Sabine

»Möller hat mit seinem Berater bei uns um mehr Geld gepokert, gleichzeitig gesagt, er stünde bei einem anderen Klub im Wort. Dann hat er offenbart, dass er nach Schalke gehen will. **Wir haben ihm nicht gesagt, dass er bekloppt ist. Aber gedacht haben wir es schon.«**

(Michael Meier)

»Das ist Andy Möller, der bald eine Tochter erwartet.«

(Jörg Dahlmann)

»Nenn sie doch BERTA – nach deinem Freund BERTI!«

(Deutsche Nationalspieler auf die Nachricht von Möller, dass seine Frau bald eine Tochter erwarte)

Starschnitt
Dieter Müller

Dieter Müller stellt am 17. August 1977 einen neuen Tor-Rekord für die Ewigkeit auf. Beim 7:2 gegen Bremen erzielt der FC-Stürmer **sechs Tore**. Und das ausgerechnet im Duell mit seinem knüppelharten und sonst so souveränen Gegenspieler **Horst-Dieter Höttges**. Werder-Trainer **Hans Tilkowski** fragt während des laufenden Spiels ständig und erstaunt seine Nebenleute: **»Wo saust denn nur der Höttges rum?«**

Weisweiler ist wahrhaft ein echter Trainerfuchs. Als sein Stürmer Dieter Müller eine kleine Schwächephase durchlebt, hat er einen Plan. In Köln bittet der FC-Coach einen Journalisten höflich darum, zu schreiben, dass er in Essen auf der Tribüne gesehen worden sei. Der Journalist schaut Weisweiler irritiert an und kratzt sich verwundert am Kopf. Da lächelt der Kölner Trainer den Medienvertreter spitzbübisch an und erklärt: **»Wenn das der Dieter Müller liest, denkt er an den Horst Hrubesch und läuft wieder ein paar Schritte schneller!«**

Dieter Müller im Jahr 1976

Dieter Müller sorgt in der Liga für Furore. Er schießt Tor um Tor. Natürlich, **ist ja auch ein Müller,** sagt man sich in der Bundesliga. Aber das stimmt nicht so ganz, denn Dieter Müller hieß noch bis zu seinem 18. Lebensjahr **Dieter Kaster**. Dann nahm er den Namen seines Stiefvaters an und ballerte fortan als Müller die Bälle in den Kasten.

Dieter Müller nach seiner Hochzeit im Mai 1980

Tschik Cajkovski schimpft über den FC-Stürmer: »Da habe ich ihm die ganze Woche beizubringen versucht, wie er gegen Höttges spielen soll, und trotzdem machte er beinahe alles falsch. Als ich ihm in der Pause deshalb Vorhaltungen machte, war er so fertig, dass er seinen Namen nicht mehr kannte.«

Ausgerechnet gegen seinen Ex-Klub gelingt dem Neu-Stuttgarter Dieter Müller nach über 500 Minuten endlich wieder ein Treffer. Vorher hat sein ehemaliger Mitspieler **Gerd Strack** noch getönt: **»Wenn der Müller gegen uns ein Tor macht, dann kaufe ich mir einen Strick!«** Gott sei Dank belässt es Strack bei seiner verbalen Unbeherrschtheit und hängt den Strick anschließend nicht tatsächlich unter die Decke!

Starschnitt
Gerd Müller

»Vielleicht wären wir ohne Gerd Müller und seine Tore noch immer in unserer alten Holzhütte an der Säbener Straße.«

(Franz Beckenbauer)

»Trainer? Ich will einen anderen Tod als Herzinfarkt.«

»Marmorkuchen, den ich sehr gerne esse, bäckt meine Frau, sooft ich Appetit darauf habe.«

(In seiner Autobiografie)

»Wenn's denkst, ist eh zu spät.«

»Mein fairster Gegenspieler war Rolf Rüssmann von Schalke 04. Der hat sich bei mir schon immer **vor dem Foul entschuldigt**.«

»So ein Idiot. Wäre ich schon dreißig gewesen, ich hätte ihm eine Ohrfeige gegeben.«

(Gerd Müller über Schiedsrichter Walter Eschweiler am 19. Spieltag beim 3:3 bei Hertha BSC)

»Ich habe nicht die Figur wie Gerd Müller. Zum Glück!«

(Die Frauen-Nationalspielerin Claudia Müller zu ihrem Ruf als Bomberin der Nation)

»Es gibt keinen größeren als ihn im Weltfußball. Er steht unter Naturschutz.«

(Franz »Bulle« Roth)

»Was soll ich mit diesem Kugelstoßer?«

(Dettmar Cramer, als der junge Gerd Müller zu Bayern München kam)

»Gerd Müller ist der einzige Torjäger der Welt, der **aus keiner Chance zwei Tore** macht.«

(ARD-Reporter Oskar Klose)

»kicker«-Kolumnist Martin Maier wird von Frau Inge T. aus Mainz gefragt: **»Sind Sie verheiratet mit Gerd Müller, weil Sie ihn unentwegt lobpreisen?«** Antwort: **»Nein. Eine Ehe zwischen Männern bleibt erfahrungsgemäß kinderlos, und es wäre schade, kämen keine kleinen dicken Müllerlein zur Welt!«**

Gerd Müller wird während der Vorbereitung zu seiner Hochzeit frisiert, daneben seine zukünftige Ehefrau Uschi.

Starschnitt Gerd Müller

»Ihn zu stoppen, das ist etwa so, als wolle man einen fahrenden Bus mit bloßen Händen stoppen.«

(»L'Équipe« 1976 über Gerd Müller)

Duisburgs Detlef Pirsig erzählt über sein Rezept, Gerd Müller aus dem Konzept zu bringen: **»Der Gerd hat im Spiel pausenlos gequatscht, damit hat er sich in Stimmung und die Gegner um ihre Konzentration gebracht. Ich aber habe niemals während der neunzig Minuten auch nur ein einziges Wort zu ihm gesagt, niemals in seine Augen gesehen. Das hat ihn so aufgeregt, dass er gegen mich nie Land sah.«**

Fußballstars im Kino: Im vierten Teil der Lausbubenfilme nach Motiven von Ludwig Thoma spielen die Fußballnationalspieler des FC Bayern Sepp Maier und Gerd Müller sowie ihr Trainer Tschik Cajkovski Angehörige des bayerischen Heeres. Die Klamotte **»Wenn Ludwig ins Manöver zieht«** wird am 19. Dezember 1967 uraufgeführt. Keeper Sepp Maier nach der Premiere kritisch: **»Im Tor bin ich ein besserer Schauspieler.«**

Schneevergnügen mit Frau Uschi, Tochter Nicole und Hund Harras 1976

Abseits der Bundesligabühne wird ein Transfer mit großer Tragweite geschlossen. Gerd Müller hat sich einen Namen gemacht und soll von 1860 München unter Vertrag genommen werden. Für 12:30 Uhr haben sich die Vertreter des Vereins bei seiner Mutter angesagt – doch es kommt anders als gedacht, wie Gerd Müller erzählt: **»Als ich kam, waren gleich zwei Herren da, die ich in meiner jugendlichen Naivität für die beiden Herren von den Sechzigern hielt. Ich wunderte mich zwar anfangs, als sie sich als Herr Fembeck und Herr Sorg vorstellten, doch nach einer knappen Stunde waren wir klar: 5.000 Mark Handgeld und 500 Mark Monatsgehalt. Das war wie ein Lottogewinn für mich. Ich saß also da und dachte, ich hätte bei 1860 München unterschrieben. Die Herren verabschiedeten sich und wollten komischerweise durch die hintere Gartentür gehen. Da kam meine Mutter und sagte: ›Du, Gerd, da sind zwei Herren aus München gerade vorne zur Tür reingekommen, die wollen dich sprechen!‹« Doch da hatten die Herren des TSV 1860 München Pech. Der FC Bayern hatte den Müller Gerd bereits unter Vertrag genommen.**

Starschnitt
Hansi Müller

Udo Lattek möchte in den 1970ern gerne Hansi Müller vom VfB Stuttgart zur Borussia nach Mönchengladbach locken – doch nach einem Besuch bei der Familie Müller gibt der Trainer überraschend schnell auf: **»Als ich das Verhältnis Hansis zu seiner Mutter sah, wusste ich, der kommt nicht zu uns.«**

Beim Auswärtsspiel seines VfB Stuttgart bei 1860 München in der Saison 1980/81 hadert Hansi Müller mit dem Ball – er ist zu wenig aufgepumpt. 15 Züge, schätzt der attraktive Jungstar, fehlen dem Spielgerät: »Ich habe zum Schiedsrichter in der Pause gesagt, er möchte den Ball aufpumpen.« Doch nachdem der Unparteiische aus Dortmund, Manfred Uhlig, ihm nach der Halbzeit den Ball stolz präsentiert, ist Müller konsterniert: »Ich hatte das Gefühl, da waren 15 Züge raus- anstatt reingepumpt worden.« Und abschließend sein fast schon poetisches Urteil: »Da war keine Seele drin!«

»Ausgerechnet der, der Skat spielen kann, wird verkauft!«

(Walter Kelsch über den Wechsel seines Mitspielers Hansi Müller vom VfB Stuttgart zu Inter Mailand)

»Exklusiv-Reportage« des »fußball magazins«: aus dem Privatleben von Hansi Müller

Sachen gibt's. Stuttgarts Star Hansi Müller hat während der Saison 1981/82 schon länger ein komisches Gefühl. Irgendwas stimmt nicht. Aber was? Da zeigt ihm ein Mitspieler einen Spruch auf einer Werbebande. Müller kneift die Augen zusammen und kann doch nichts entziffern. Noch am selben Nachmittag geht er zum Arzt – und bekommt eine Brille verschrieben, wie seine Nationalmannschaftskameraden Breitner und Magath!

Hansi Müller im Sommer 1981

Hansi Müller belegt bei der »Bravo Boy«-Wahl 1976 den sechsten Platz. Er hat gerade seine erste Profisaison beim VfB Stuttgart hinter sich, und die Damen und Herren des Jugendmagazins sind ziemlich verwundert, als Müllers Bewerbung eintrudelt. Hansi selbst war es jedoch nicht, der die Unterlagen zur »Bravo« schickte. Es war sein Bruder. Der hatte sich gedacht, dass man so viel Schönheit einfach einmal einer größeren Öffentlichkeit präsentieren müsse. Zu diesem Zeitpunkt konnte er natürlich noch nicht ahnen, dass Hansi schon bald vor Millionen Fußballanhängern würde vorspielen dürfen.

Teenie-Star Hansi Müller war auch in der »Bravo« ein großes Thema.

Starschnitt Thomas Müller

»**Es macht Spaß** uns zuzuschauen, auch wenn ich selbst nicht zugeschaut habe.«

(Der zweifache Torschütze Thomas Müller zum 5:0-Sieg des FC Bayern München im Eröffnungsspiel der 53. Bundesligasaison gegen den Hamburger SV)

»Immerhin – **mental** warst du in der richtigen Ecke.«

(Zu Manuel Neuer, als der im Training einen Strafstoß nicht parieren konnte)

»Weiß ich nicht. Ich bin der **Müller ohne Wohlfahrt**, ich kenne mich da nicht aus.«

(Thomas Müller mit Verweis auf Mannschaftsarzt Hans-Wilhelm Müller-Wohlfahrt auf die Frage, ob Schweinsteiger und Ribéry in Porto wieder dabei sein können)

»Beim FC Bayern ist ein **Haifischbecken**. Da muss man den Haien eben auch ab und zu einen Fisch hinwerfen.«

(Begründung von Doppel-Torschütze Thomas Müller, warum er beim 3:0 gegen Leverkusen nicht auch den zweiten Elfmeter geschossen hat)

Reporter: **»Wenn Sie nicht aufpassen, werden Sie noch eine Legende.«**

Thomas Müller: **»Dann pass ich besser nicht auf.«**

»Langsam habe ich das Gefühl, dass ich mit meinem linken Fuß mehr anfangen kann, als nur Bier zu holen.«

»Hm. Tja, was bin ich? Raumdeuter? Ja, ich bin ein Raumdeuter.«

»In Spanien kann man zwar hervorragend essen, aber meine Leibspeise bleibt weiterhin ein Schweinebraten aus Bayern.«

(Bei Facebook zu den Spekulationen über einen möglichen Abgang zum FC Barcelona)

»Das Mikrofon verbiegt sich auch schon, weil ich so stinke.«

Starschnitt
Erik Meijer

»Ich war nicht damit einverstanden, dass der Schiedsrichter gegen uns einen Freistoß gegeben hat. Da habe ich ihn einen **›Mixer mit W‹** genannt. **Ich glaube, das war ziemlich dumm …«**

(Über eine Rote Karte)

»Wir haben drei Eier im Sack, das ist alles.«

»Es ist nichts **scheißer** als Platz zwei.«

»Nichts ist schöner als gegen die **Scheiß-Holländer** zu gewinnen.«

»Der springt beim Kopfball vier Meter hoch. Doch zum Glück weiß er da oben nicht mehr, wo das Tor steht.«

(Bernd Krauss)

Erik Meijer, Sergej Barbarez und Jörg Albertz stoßen an.

N

Starschnitt
Günter Netzer

»Ich musste immer nur ins Tor, weil ich immer der Kleinste war.«

»Ich persönlich habe mir bei jedem Trainingslager überlegt, ob ich aufhöre, Fußball zu spielen.«

»**Kopfball** war für mich immer so etwas **Ähnliches wie Handspiel**.«

»Da kam aus drei Metern ein **Rehhagel** angeflogen oder **Willi Schulz** mit seiner **Blutgrätsche**. Wir wurden vom Gegner verfolgt. Die wollten am Spiel gar nicht teilnehmen. **Die haben uns die Lust am Fußball genommen.**«

(Über das Leben eines Spielmachers zu seiner Zeit)

18. Mai 1974: Als erster »sportstudio«-Gast trifft Günter Netzer fünfmal an der Torwand.

»Der Günter Netzer war nie ein Fußballer im eigentlichen Sinn. Der ist nach Las Vegas geflogen, hat seinen Nachtklub gehabt und lauter solche Sachen. Die paar Jahre, die er sich konzentriert hat, ist er schon gelaufen. Danach konnte er halt nicht mehr. **In Las Vegas, da kriegst halt keine Kondition.**«

(Franz Beckenbauer)

»Und dann knallt der uns mit seinem falschen Fuß dat Ding in den Giebel. Wenn der drübergegangen wäre, hätte er auf der Tribüne einen Mensch erschossen.«

(Der Kölner Spieler Heinz Simmet über Günter Netzers legendäres Siegtor im Pokalfinale gegen Köln, nachdem Netzer sich selbst eingewechselt hatte)

»Wenn Günter Netzer wehenden Haupthaars und mächtigen Schritts aus der Tiefe des Raums kam, wurde Sport zur Kunst.«

(Zeitungskommentar)

»Abseits is, wenn dat lange Arschloch zu spät abspielt.«

(Hennes Weisweiler)

Starschnitt

Charly Neumann

»I am the Maskottchen of Schalke.«

(Auf die Frage eines ausländischen Reporters nach seiner Funktion)

»Jetzt hör mal zu. Du kannst nicht immer nur nach Dortmund gehen, du wirst jetzt erst mal bei uns Mitglied. Ich schick dir die Unterlagen zu.«

(Zu Bundeskanzler Schröder)

»Ich sehe am Himmel einen UEFA-Cup-Platz. Wenn nur unten nicht das Jammertal wäre.«

»Ich rieche einen UEFA-Cup-Platz!«

(Vor einer neuen Saison)

»In schlechten Zeiten müsst ihr Schalker sein – in guten haben wir genug davon.«

»**Knack** hat das gemacht und ich hab mir sofort ans Bein gefasst, weil ich dachte, es wäre **mein** Knochen gewesen.«

(Über einen Beinbruch von Klaus Fischer direkt vor der Trainerbank)

»Charly würde auch im kältesten Winter für Schalke ins Wasser springen – **vorausgesetzt, es wären genügend Fotografen da.«**

(Autor Helmut Holz)

Charly Neumann als Dr. Scott in der Rocky Horror Picture Show 1994/95

Charly Neumanns Lieblingswitz:

»Was ist der Unterschied zwischen dem Schalker Verwaltungsrat und einer Waschmaschine? Ganz einfach: Eine Waschmaschine kann man entkalken!«

Was für eine Gelegenheit! Wolfram Wuttke zögert nicht lange, als er den neuen Mercedes vor der Geschäftsstelle stehen sieht. Schlüssel steckt, reingesetzt und mit Vollgas einmal rund um den Parkplatz. Als er aussteigt, steht der Wagenbesitzer schon mit hochrotem Kopf bereit. Charly Neumann verpasst dem kleinen Wuttke mit voller Wucht eine Backpfeife: **»Nur damit du weißt, dass ich solche Scherze nicht liebe!«**

Rüdiger Abramczik mit Charly Neumann im April 1980

Starschnitt ……………… Peter Neururer

»Wenn wir ein **Quiz** machen würden unter den Trainern in Deutschland, wer am meisten Ahnung hat von Trainingslehre, Psychologie, und der Trainer mit den besten Ergebnissen kriegt den besten Klub – dann wäre ich bald bei Real Madrid.«

Neururer mit Blaulicht und Schreckschuss-Revolver erwischt

»Besonders sexy bin ich ja bestimmt nicht, aber seit ich als Trainer arbeite, beherrsche ich zumindest die **Verbal*E*R*O*T*I*K***.«

»Ich werde mir eine **Schaf-Farm** in Neuseeland kaufen und Schafswurst herstellen, um sie nach Bayern zu exportieren. Nee, mal im Ernst, was für eine blöde Frage ist das? Wie denkt man sich solche Fragen aus? Gibt man sein Hirn schon vor oder erst nach dem Journalistikstudium ab?«

(Auf die Frage nach seinen Plänen nach dem geschafften Wiederaufstieg in die Bundesliga)

»Ich gebe es zu, das sah aus wie **Breakdance** für Arme.«

(Über seine Freudentänze an der Seitenlinie)

Die VfL-Trainer Peter Neururer, Frank Heinemann und Nico Michaty (v. l.) waren ebenso wie der gesamte Bundesliga-Kader des VfL vor Ort

Aufbruchstimmung beim VfL: Neuer Aufsichtsrat

»Wie ich **gelesen** habe, wird es sehr schwer für uns in Bochum. Mein Kollege weiß ja, wie das Spiel ausgeht. Deswegen fahren wir dahin, um die Niederlage in Grenzen zu halten.«

(Bayern-Trainer Felix Magath zu Äußerungen des Bochumer Trainers)

»Unglaublich, wie Peter der Größte den **Ruhrpott-Tango** o.P. (ohne Partner) hinlegt. Wie der im Jubel über den Platz stakst – so was kenn' ich sonst nur von liebeskranken Störchen …«

(Max Merkel über die Tanzkünste von Peter Neururer)

»Mit **Neururer** kommst Du vielleicht noch bis zum nächsten Rotweinhändler, aber sicher nicht mehr in die Bundesliga.«

(Aus einem VfL-Bochum-Fanforum)

»Bin ich jetzt die **Claudia Schiffer** für Arme, oder was?!«

(Bei einem Fototermin)

»Eine geheime **Telefonnummer** würde ich mir nie zulegen, auch wenn ich beim Essen 30-mal die Gabel hinlegen muss.«

Starschnitt

Norbert Nigbur

Nigbur, Nigbur über alles!

Großartige Bayern fanden in ihm ihren Meist

FC Schalke 04 — Bayern München 1:0 (0:0)

Schalke: Nigbur (1) — Sobieray (2), Rüssmann (2), Fichtel (2), Huhse — Lütkebohmert (1), Scheer (2), van Haaren (2) — Libuda (3), Fisc (2), E. Kremers (2) — Trainer: Horvat.

München: Maier (3) — Koppenhöfer (2), Schwarzenbeck (2), Becke bauer (1), Breitner (2) — Roth (2), Zobel (2), Hoeness (2) — Krauthaus (3), Müller (2), Sühnholz (3) — Trainer: Lattek.

Tor: 1:0 van Haaren (77.) — **SR:** Biwersi (Bliesransbach) — **Zuschau** 38 500 (ausverkauft).

»Was wäre wohl, wenn Nigburs Gehalt einmal an der großen Anzeigetafel im Stadion leuchten würde, und die Leute würden das dann mit den gezeigten Leistungen vergleichen?«

(Max Merkel)

Norbert Nigbur rappt in seinem Smashhit **»Darum weißt du nichts von mir«** zu fetzigen Diskorhythmen die unsterblichen Zeilen: **»In der Wohnung geht ein Licht an, und ich dachte, ein Gedicht, man. Denn ich sah dich am Fenster stehen, die Figur und so, wunderschön.«**

Auf Schalke ist eins klar: Torwart Norbert Nigbur darf nicht mehr in den königsblauen Kasten! Dafür wird Manager Assauer schon sorgen: »Bevor Nigbur spielt, müssen sich Junghans und Sandhofe die Beine brechen!«

Wolfgang Grupp, der Besitzer des Schalker Trikotsponsors »Trigema«, ist entsetzt ob der Leistung des königsblauen Torwarts Norbert Nigbur: **»Der dürfte bei mir nicht einmal den Hof fegen. Der hat die Mannschaft um den Sieg gebracht. Einen solch arroganten Kerl sollte Schalke rausschmeißen.«** Auch Trainer Jusufi ist sauer: **»Der hat uns das Spiel verloren.«** Und eine anonyme Schalker Stimme: **»Der beste Koch hat mal einen schlechten Tag, aber der Nigbur hat uns in den ersten Saisonmonaten zu oft die Suppe versalzen. Er hat manchmal die Hundertstelsekunden in der Hand – und lässt sie einzeln fallen. Das kostet uns Punkte.«**

»Offenbach hätte 3:0 gewonnen, wenn ich nicht ein Papstbild in der Tasche gehabt hätte.«

»Wenn ich zwischen Maier und Nigbur zu wählen hätte, würde ich Maric nehmen.«

(Max Merkel über den Torwartkampf auf Schalke)

Starschnitt
Manuel Neuer

»Chicko, das ist unser fetziger junger Hahn, der Skateboard fährt, sich bei Facebook auskennt und jede Bühne rockt«, verkündet der Geschäftsführer von Mr. Chicken stolz und begrüßt den Premierengast Manuel Neuer in Gelsenkirchen-Ückendorf am Drive-In-Schalter. Und der Schalker Torhüter bestellt vor den Augen von »Chicko« gleich einmal ganz gesundheitsbewusst einen selbst zusammengestellten Chicken-Burger: »Ohne Zwiebeln, ohne Knoblauch, mit 'nem bisschen Gemüse, da darf auch Joghurt-Dressing oder Tsatsiki dabei sein – alles kein Problem.«

Am 29. Spieltag ***der Saison 2008/09 siegt der FC Schalke 04 mit 1:0 in der Münchner Arena und wirft den FC Bayern im Titelkampf ein gutes Stück zurück. S04-Torwart Manuel Neuer genießt die Momente des Triumphs und erinnert sich in diesen Sekunden an Oliver Kahn und seinen Jubel vom 19. Mai 2001 in Hamburg, als die Bayern den Königsblauen im letzten Moment die Meisterschale wegschnappten: »Ich habe mich so wahnsinnig über unseren Sieg gefreut. Und in diesem Augenblick kam mir die Szene von damals wieder hoch. Ich stand damals im Parkstadion und habe mitgelitten. Da habe ich ganz schlimme Minuten erlebt. Vielleicht war das ja jetzt eine kleine Genugtuung für viele unserer Fans.«***

»Vielleicht hätte Jauch in der Veltins-Arena mal den Publikumsjoker ziehen sollen, dann hätte er die richtige Antwort gehabt.«

(Manuel Neuer, als Jauch wettete, er wüsste, dass Neuer bald zu Bayern geht)

O

Starschnitt

Jay-Jay Okocha

Es ist der Treffer der Saison 1993/94. Frankfurts Jay-Jay Okocha spielt mit der gesamten Abwehr des KSC Hase und Igel. Sat.1-Reporter Jörg Dahlmann lässt sich in der »ran«-Sendung über das Tor in epischer Breite aus: »So, liebe Zuschauer, und jetzt stehen Sie in Ruhe auf, damit Sie keinen Herzschlag bekommen. Stellen Sie den Ton Ihres Fernsehers lauter, kommen Sie nahe an den Monitor heran – und genießen Sie. Bein. Okocha. Geht er? Okocha, Jay-Jay Okocha. Immer noch. Jay-Jay Okocha. Noch ein Dreher, noch einer – und drin! Da reißt er sein Trikot vom Leib, tanzt noch einen Samba fürs ausflippende Publikum. Ekstase im Waldstadion! Das haben wir seit Libuda nicht mehr erlebt. Das ist das Beste, was der Fußball bieten kann. Oh, wie ist das schön, oh, wie ist das schön! Liebe Zuschauer, die Zeit für meinen Bericht ist zwar abgelaufen, aber egal. Sollen sie mich rausschmeißen. Ich zeige Ihnen die Szene bis zum Umfallen. Toll, dieser Jay-Jay Okocha, wie er hier Kahn aussteigen lässt. Dann ist es Reich und auch noch Bilic. Dann versucht sich auch noch Lars Schmidt. Was soll's! Drin ist der Ball! Klasse! Mannomann, ist das eine tolle Szene gewesen! Komljenovic. Uwe Bein. Hätte allein schon schießen können. Schön gesehen – und da ist er, Jay-Jay Okocha.«

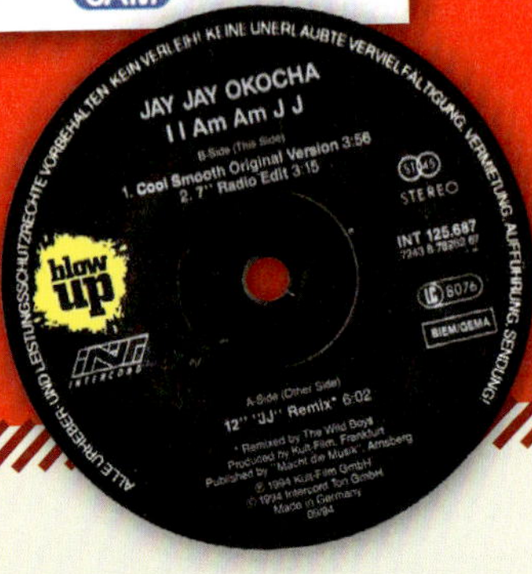

»I I am am J J« aus dem Jahr 1994 ist sogar auf Vinyl erschienen

... und auf CD

»Beckenbauer, Baresi, Kohler – alle Liberi und Manndecker der Welt hätten hier stehen können. Sie wären allesamt von ihm ausgetanzt worden! Ich weiß nicht, wie es Ihnen ergeht, liebe Zuschauer, mir zittern die Knie hier noch vor Begeisterung. Ich sehe jetzt das Tor zum sechsten, zum siebten, zum achten Mal – und dann dieser Samba! Das war's, liebe Zuschauer. Tolle Szenen hier im Waldstadion. Drei zu eins für Frankfurt. Eine geniale Schlussphase. Und anschließend genießen wir noch diesen Umreißer von Maurizio Gaudino mit Jay-Jay Okocha …« Hinterher wird Okocha in aller Schlichtheit sein Tor so beschreiben: **»Ich habe das Loch gesucht!«**

Panini-Karte von 1995

Panini Premium Card von 1995

»Am besten, man kommt gar nicht erst in seine Nähe.«

(Frank Mill über die Kunststücke des Frankfurters)

Starschnitt
Wolfgang Overath

»Wir wollen uns nicht mehr über Spielberichte ärgern, nicht mehr die Wochenenden versauen!«

(Mit diesen Worten begründete Wolfgang Overath seinen Rücktritt als Präsident des 1. FC Köln.)

»Ich kann mir nichts Schlimmeres vorstellen als **schreiende Fußballbräute** auf den Tribünen. Gottlob ist meine Frau genau das Gegenteil. Sie hat wirklich **keine Ahnung von Fußball.«**

»Dem Overath müssten sie heute so lange mit Geldscheinen aufs Hirn schlagen, bis er bewusstlos ist. So viel Geld hätte der damals verdienen müssen.«

(Buffy Ettmayer, Spieler vom VfB Stuttgart)

»Man muss cool sein, wenn's in Richtung Tor geht. Ein Herz, das schnell den Hals hochhüpft, rutscht nämlich noch fixer in die Hosen.«

»Wolfgang Overath würde sich in der Bundesliga immer noch wohltuend hervorheben, wenn Fußball nicht **mit Laufen verbunden** wäre.«

(Hans Meyer in Anspielung auf den lauffaulen Toni Polster)

Wolfgang Overath mit seiner Frau Karin als Karnevalsprinz von Siegburg (1985)

»Bei zwei Weltmeisterschaften haben wir das Zimmer geteilt. Wir haben zusammen länger das Bett geteilt als mit unseren Ehefrauen – es ist aber nichts passiert.«

(Franz Beckenbauer)

Als Fußballprofi geht die Zeit des Wolfgang Overath in Köln langsam dem Ende entgegen. Doch schon locken neue Welten. Der britische Sender BBC möchte Overath unbedingt als Sprachlehrer verpflichten. Auch sein deutlich vernehmbarer Kölsch-Einschlag ist kein Hinderungsgrund, wie Produzent Rodney Mantle spitzfindig erläutert: »Das ist schließlich schon ein Kurs für Fortgeschrittene.«

Welcher Sportler kann schon auf eine Straße verweisen, die nach ihm benannt wurde? Bei Wolfgang Overath machte es die Weltmeisterschaft möglich: die Hauptstraße zum Kölner Tivoli wurde jetzt nach ihm umbenannt. Overath war darüber sichtlich

Der wundersame Herr Osieck

Am achten Spieltag holt sich der VfL Bochum beim VfB Stuttgart eine Klatsche ab. VfL-Trainer Holger Osieck nach der Partie: »Wenn man mit **1:4** verliert, erkennt es Amnesty International sogar als Folter an.«

Holger Osieck, der Trainer des VfL Bochum, auf die Frage, wie er denn die Leistung des Schiedsrichters Hans-Peter Best bei der 2:3-Niederlage gegen den HSV gesehen habe: **»Tja, was soll ich sagen? Er war einfach da!«**

»Ich gehe als Coach stets davon aus, dass Nichtwissen durch Wissen besser zu heilen ist als durch Besserwisserei.«

(Holger Osieck)

Holger Osieck (2. von rechts) mit den Neuzugängen Dimitrios Moutas, Sven Christians und Joo Sung Kim (von links)

Beckenbauers Co-Trainer bei der WM 1990 in Italien, Holger Osieck, ist 1992 als Coach beim VfL Bochum gescheitert. Als das Ende naht, versucht Osieck den Stress mit Essen zu bekämpfen: **»Ich hatte ein unheimliches Verlangen nach Süßem. Schon seit Saisonbeginn haute ich mir Marzipan und Kuchen rein.«** Die Zeit in Bochum verläuft insgesamt eher unglücklich. In Erinnerung bleiben Osiecks denkwürdige Worte nach einem Spiel bei brütender Hitze gegen Borussia Dortmund (0:0). Schwitzend rechtfertigt er die Nichtleistung beider Mannschaften mit den Worten: **»Da kommst du raus und kriegst erst einmal einen Schlag vor die Birne. Da erholst du dich 90 Minuten nicht von!«** Legendär auch der Gebrauch eines lateinischen Begriffs vor staunenden Pressevertretern nach einem anderen Spiel. **»Das sind eben die Imponderabilien des Fußballs«**, sagt Osieck und genießt sichtlich den sprachlichen Triumph über die Journalisten vor ihm. Als er rausgeschmissen wird, verabschieden sich einige Medienvertreter genüsslich mit genau diesen Worten bei Osieck. Die »Unwägbarkeiten« des Fußballs haben ihn am Ende den Job beim VfL gekostet.

P

Starschnitt

Lukas Podolski

16. Spieltag, Saison 2003/04, Hansa Rostock gegen den 1. FC Köln (1:1). Premiere-Reporter Christian Sprenger mit Nachwuchstalent Lukas Podolski: »Das erste Tor von dem jungen Mann neben mir. Herzlichen Glückwunsch dafür, im vierten Spiel, kann man eigentlich nicht meckern?!« Podolski: »Ja, aber, natürlich der Sieg hat gefehlt, ne! Wenn man so knapp davorsteht, dann will man auch schon gewinnen, ne!« Sprenger: »Warum hat es dann letztlich nicht geklappt? Durch den Elfmeter? Ist da ein bisschen Unruhe entstanden?« Podolski: »Ja, ich glaub, erst hat man den Elfmeter und dann kriegen wir das Gegentor – das ist natürlich scheiße, ne! Muss man drauf aufpassen.« Sprenger: »Waren gerade einmal 19 Sekunden dazwischen. Haben Sie damit gerechnet, dass Sie heute wieder von Beginn an dabei sind?« Podolski: »Ja, ich denk mal, im Training will man sich zeigen, und dann sieht man auch, wenn ein Trainer einen aufstellt, ne!« Sprenger: »Wenn wir jetzt auf die Tabelle gucken, nach ganz unten. Dieser eine Punkt, so richtig viel bringt der ja nicht, wie …« Podolski: »Wir haben uns vorgenommen, aus den zwei Spielen sechs Punkte zu holen, das ist natürlich scheiße heute, ein Punkt zu wenig.« Sprenger: »Das heißt jetzt, gegen Hertha müssen fünf her!« Podolski lacht: »Hä, ha, natürlich wollen wir gegen Hertha auf jeden Fall gewinnen, ne! Also, das ist das nächste Ziel, drei Punkte gegen Hertha.«

Der karnevalistische Poldi am Geißbockheim

»Ich überlege, mir die Zahl zu tätowieren.«

(Über seine Torflaute, die er nach 1.425 Minuten beendete)

»Es überwiegt eigentlich beides!«

»Er muss nun nur aufpassen, dass sie in Köln die Stadt nicht einreißen, wobei, die **Häuser stürzen bereits ein …«**

(Franz Beckenbauer über Podolskis Rückkehr zum FC)

»Der soll gerade was sagen, der hat doch die gleiche Frisur, seit er elf ist.«

(Marcell Jansen, nachdem Lukas Podolski sich über seine neue Frisur lustig gemacht hatte)

»Der kann doch kein Deutscher sein! Podolski verpatzt einen Elfmeter. Aber er wurde auch in Polen geboren.«

(»Daily Mail«)

Starschnitt
Toni Polster

»Ein Denkmal will ich nicht sein, darauf scheißen ja nur die Tauben.«

(Auf die Frage, ob er schon ein Denkmal sei)

»Ein Toni Polster ist noch nie abgestiegen.«

»Mein Teamkollege Horst Heldt hat mich jeden Tag umarmt und gesagt: ›Lass uns jede Stunde genießen.‹ Diesem Treiben musste ich ein Ende setzen.«

(Auf die Frage, warum er seinen Vertrag in Köln verlängert habe)

»Niki Laudas Zahnarzt.«

(Auf die Frage, wen er gerne kennenlernen würde)

»Warum habt ihr bloß nicht so gespielt, als ich noch da war?«

(Nachdem er zu Borussia Mönchengladbach wechselte und bei einem Kölner 6:1-Sieg gegen den 1. FC Nürnberg auf der Tribüne saß)

»Laufen, Toni, laufen.«

(Fans des 1. FC Köln)

»Wenn du schon nicht gewinnen kannst, musst du wenigstens sehen, dass du nicht verlierst.«

»Ich kann nicht mehr als schießen. Außerdem standen da 40 Leute auf der Linie.«

(Über eine vergebene Torchance)

»Es gibt Leute, die denken so, und es gibt Leute, die denken so. Das ist immer so, wenn viele Leute zusammenkommen.«

»In Köln haben sie vier Tage lang die Geschäftsstelle abgeschlossen und jede halbe Stunde eine Flasche Sekt entkorkt, als sie den Toni Polster für 1,8 Millionen Mark nach Gladbach verkauft hatten.«

(Hans Meyer)

»Das ist schon toll, dass ich das mit meinen 35 Jahren noch erleben darf.«

(Zum wütenden Pfeifkonzert wegen seiner Auswechselung)

Starschnitt
Adi Preißler

»Ich bin dreimal um die Erde gelaufen, aber immer hinter dem Ball her.«

»Wenn wir damals **100.000 Mark wert** waren, müssten wir heute noch **20.000 Mark davon kriegen.**«

(Adi Preißler als Teil des 100.000-Mark-Sturms von Preußen Münster in den 1950er Jahren)

»Ein Fußballer ohne **große Nasenlöcher** kann nichts werden. Sonst kriegt die Lunge nicht genug Luft.«

»**Sepp Herberger** hat zu mir gesagt, ich solle nicht so viel fummeln. Da habe ich ihm einfach geantwortet: **›Ohne Fummeln kann ich ja gleich aufhören.‹«**

R.

Starschnitt
Helmut Rahn

»Ich will sagen, dass ich **nicht überhaupt kein Bier** mehr trinke oder nur noch **Buttermilch**!«

(Helmut Rahn)

»Ich weiß heute ganz genau, dass ich älter geworden bin als wie vor zehn Jahren!«

Nach dem WM-Gewinn 1954 soll es Helmut Rahn in seiner Heimatstadt Essen ordentlich krachen lassen haben. In einer **Schubkarre liegend** soll er durchs Rotlichtviertel gefahren sein. Um den Hals hängt dem Torschützen des entscheidenden Finaltores ein Pappschild, auf dem steht: **»Wer will ein Kind vom Weltmeister?«**

Später am Abend soll Rahn in einem Tanzlokal die hübschesten Mädchen zärtlich übers Parkett geführt, sanft auf die Wange geküsst und ihnen dann liebevoll ins Ohr gesäuselt haben: **»Haben Sie, verehrte Dame, schon einmal mit einem Weltmeister gebumst?«**

Beinahe wäre Weltmeister Helmut Rahn **Deutscher Meister** mit dem FC geworden, doch im Endspiel 1960 unterliegt man dem HSV mit 2:3. Diszipliniert ist Rahn zu diesem Zeitpunkt leider auch beim FC nicht immer. Bereits vor seinem Engagement bei den Geißböcken war der Essener Jung betrunken und mit überhöhter Geschwindigkeit in eine Baustelle gebrettert. Anschließend musste er ins Gefängnis. Mitte der 1960er Jahre muss Rahn einmal im Haus seines Trainers **Rudi Gutendorf** etwas zu lange warten und vertreibt sich dabei äußerst kostspielig die Zeit. Denn als sich der Gastgeber auch nach über einer halben Stunde nicht blicken ließ, soll der schon vorher nicht vollkommen nüchterne Rahn, um des lieben Pegels wegen, angefangen haben, Gutendorfs **feinste Tropfen** aus dem Weinkeller zu leeren. Erst einen Domtaler Eiswein aus dem Jahr 1949 und dann, als der Trainer immer noch keine Anstalten machte, seinen Besuch zu empfangen, öffnete der »Boss« auch noch eine edle Flasche der Trockenbeerenauslese »Bernkasteler Doctor«. Als Gutendorf schließlich doch noch kommt, blickt er zuerst entsetzt auf die leeren Weinflaschen und dann in die glasigen Augen seines sichtlich angeschickerten Stürmers. Ob Helmut Rahn in dieser Nacht noch mit dem Auto nach Hause fuhr, ist nicht überliefert. Beim FC jedenfalls sind sie trotz 18 Toren in 38 Pflichtspielen schnell seine Verfehlungen leid.

Starschnitt
Friedel Rausch

Über den zweifachen Biss des braven Schäferhundes Rex in den Allerwertesten von Friedel Rausch braucht man nicht mehr viele Worte zu verlieren. Die schmerzhaften Minuten des **6. September 1969**, als im Stadion »Rote Erde« beim Revierderby Borussia Dortmund gegen den FC Schalke 04 Hunderte von Zuschauern den Platz stürmten und von maulkorbbefreiten Hunden zurückgedrängt werden sollten, sind in das kollektive Gedächtnis der Bundesliga eingegangen. Auch die herrlich-spektakuläre Idee des Schalke-Präsidenten Oskar Siebert, beim Rückspiel vier echte Raubkatzen aus dem Löwenpark Westerholt zu holen und diese auf Höhe der Mittellinie an der Leine von vier Ordnern patrouillieren zu lassen, ist legendär und weithin bekannt.

Doch dass Friedel Rausch noch Wochen nach dem Abklingen der Wundschmerzen weitaus größere Probleme mit sich herumtrug, behielt er lange Zeit lieber für sich. Denn die Neckereien der Gegenspieler nervten ihn in den folgenden Monaten nicht nur, nein, sie waren dem eitlen Sonnyboy auch ein wenig peinlich. Der smarte Friedel Rausch war auf dem Fußballplatz urplötzlich zum Gespött der Leute geworden: **»Es war die Hölle. Fast in jedem Spiel kam mein Gegenspieler an und machte ›wuff-wuff‹. Ich war fortan die Lachnummer der Liga.«**

Auch seine Schalker Mannschaftskollegen trieben mit Rausch ihren Schabernack. So fragten sie in den Tagen nach dem Vorfall den armen Kumpel scheinheilig: **»Friedel, überleg doch mal, der Hund hätte dich vorne rum gebissen …?«** Ganz der alte Macho antwortete Rausch, geistig bereits wieder voll auf der Höhe, cool und gelassen: **»Dann hätte der Köter seine Zähne verloren …«**

Friedel Rausch mit Frau Marlies und ihren zwei Söhnen

»Melken Sie doch mal 'ne Kuh, die keinen Euter hat.«

(Über seine Mannschaft)

»Gut, dass ich nicht so pessimistisch bin, sonst hätte ich mir schon das Leben genommen.«

(Nach einem schlechten Saisonstart)

»Ich sehe Licht am Himmel.«

»Zu meiner Spielerzeit hätte ich dann einen ganzen Schrank voll Karten gehabt.«

(Nach einem Platzverweis für einen seiner Spieler)

Starschnitt

Otto Rehhagel

»Ein **Spiel ist doch keine Modenschau**! Deshalb trage ich auch jeden Sonnabend zur TV-Zeit einen Trainings-, also einen Arbeitsanzug.«

»Wenn ich heute fünf Talente einbaue und mehrere Spiele hintereinander verliere, **dann lassen die Leute an den Blumen, die sie mir zuwerfen, plötzlich die Töpfe dran.**«

»Am Anfang war ich ein Vulkan, jetzt bin ich ein Diplomat. So enden alle Karrieren, in denen es um viel Geld geht.«

»Ich lasse mich nicht als **Fußmatte** benutzen. Wenn Manager und Präsident rumtanzen, und ich darf die Gymnastik vormachen – **das ist nicht meine Welt.**«

»Ich entscheide als Trainer so, wie ich denke. Und dann setzt ein großes Geschrei ein. Das bewegt mich kaum. Aber ich muss sagen, ins Gewissen reden mir oft diejenigen am wirksamsten, die einfach schweigen.«

»Die sollen sich nicht so anstellen, bei mir zählen **nur glatte Brüche als Verletzungen**.«

»Jeder kann sagen, was **ich** will.«

»Bei Werder habe ich sechs Jahre um ein eigenes Klo gekämpft. Bei Real würden sie mich fragen: Welche von den zehn Toiletten möchten Sie benutzen?«

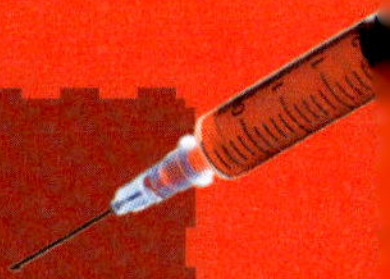

»Wozu braucht meine Mannschaft **Doping**? Sie hat ja mich.«

»Mit 50 bist du als Fußballtrainer **reif für die Klapsmühle**. Wenn du genug Geld verdient hast, kannst du wenigstens erster Klasse liegen.«

»Ich muss von jedem Spieler in Europa wissen, was für ein Duftwasser er benutzt.«

lles, was Sie
m Kopf haben,
veiß ich, bevor
Sie es ausge-
sprochen
haben.«

(Auf einer Pressekonferenz zu Journalisten)

Starschnitt
Otto Rehhagel

»Ich habe etwas bei Rilke gelesen, da denke ich an meine Spieler: *›Die so dich finden, binden dich an Bild und Gebärde. Ich aber will dich begreifen, wie dich Erde begreift; mit meinem Reifen reift dein Reich.‹* **Das gibt mir Motivation.«**

»Ich trainiere immer so, dass ich selbst nicht weiß, wer samstags spielt.«
(Otto Rehhagel)

Otto Rehhagel hat einen neuen Spleen. Bei einer Niederlage in Köln schleudert er bei jeder vergebenen Torchance seinen Klappstuhl wie ein Derwisch über die Tartanbahn. Was komisch aussieht, ist von Anfang bis Ende durchdacht. Rehhagel: **»Wir brauchen in der Bundesliga doch jeden Zuschauer, da muss ich den Leuten schon was bieten, oder?«** Eine Woche später beißt der Werder-Trainer übrigens in einen nagelneuen Lederball. Danach wird es aber langsam wieder etwas ruhiger um den Showman Rehhagel!

»Gehen Sie erst mal auf die Knie, bevor Sie mir eine Frage stellen.«

(Zu einem Journalisten)

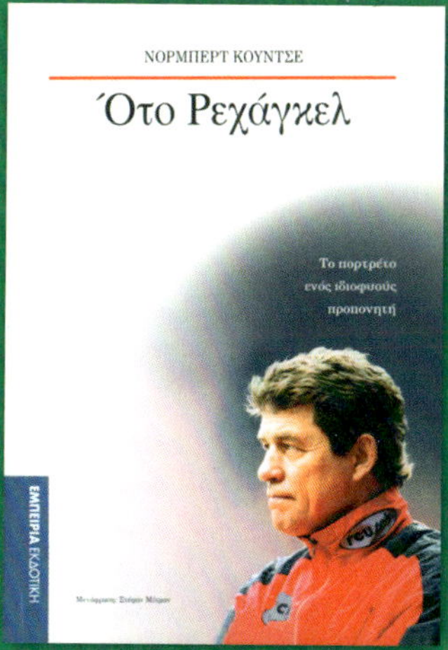

»Ich rede viel und sage wenig.«

»Rehhagel – der Erste, der sich eine Zerrung in der Zunge zuzieht.«

(»Welt am Sonntag«)

»Otto Wehklagel ist mal wieder auf dem Leberwurst-Level – keiner kann so toll beleidigt sein wie er.«

(»Welt am Sonntag«)

»Früher hatte er Mühe, Omelett von Hamlet zu unterscheiden.«

(Max Merkel)

»Er ein Anstreicher aus Essen, ich ein Bäcker aus Gelsenkirchen – da kann es doch eigentlich keine Probleme geben.«

(Ulli Potofski)

Starschnitt
Franck Ribéry

»Ihr könnt euch da ja mal hinstellen, und wenn dann Ribéry mit 180 km/h an einem vorbeigelaufen kommt, gibt's wenige, die den stoppen können.«

(Manuel Friedrich)

»Jetzt liegt das Geld auf dem Behandlungstisch.«

(t-online.de über den verletzten Franck Ribéry)

»Ribéry?
Da hat jemand irgendwann einmal Mist gemacht und behauptet, dass er das Hirn des Teams sei. Und er hat es geglaubt.«

(Just Fontaine, ehemaliger französischer Fußballspieler und -trainer)

»**Pink** ist die Lieblingsfarbe von meiner Tochter. Sie ist fünf. Das wäre zu meinen Zeiten undenkbar gewesen.«

(Der Präsident von Bayern München über die pinkfarbenen Schuhe von Franck Ribéry)

»Man stelle sich vor, der zieht jetzt auch noch **richtige Fußballschuhe** an.«

(Franz Beckenbauer lästert weiter über seine pinkfarbenen Schuhe)

»Nächstes Jahr geht eher der Gerichtsvollzieher nach Madrid als Franck Ribéry.«

(Uli Hoeneß nimmt eindeutig Stellung zu Transfergerüchten)

»Ich bin kein Nazi, aber diesem Mann, der den Ribéry entdeckt hat, dem muss man ein Ritterkreuz mit Eichenlaub und Brillanten geben.«

(Udo Lattek)

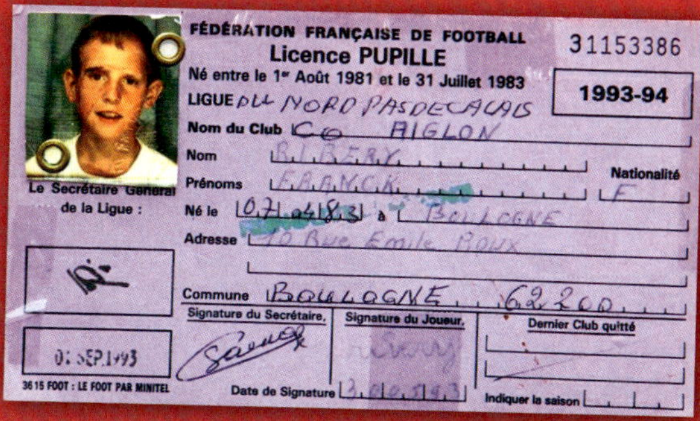
FÉDÉRATION FRANÇAISE DE FOOTBALL
Licence PUPILLE
31153386
Né entre le 1er Août 1981 et le 31 Juillet 1983
1993-94
LIGUE DU NORD PAS DE CALAIS
Nom du Club CO AIGLON
Nom RIBERY
Prénoms FRANCK
Nationalité F
Le Secrétaire Général de la Ligue :
Né le 07.04.83 à BOULOGNE
Adresse 10 Rue Emile Roux
Commune BOULOGNE 62200
Signature du Secrétaire.
Signature du Joueur.
Dernier Club quitté
01 SEP 1993
3615 FOOT : LE FOOT PAR MINITEL
Date de Signature
Indiquer la saison

»Wenn er alleine spielen will, muss er Tennis spielen gehen.«

(Trainer Louis van Gaal, als Ribéry mehr Freiheiten auf dem Spielfeld forderte)

»Vielleicht holt er damit noch ein paar Zehntel raus.«

(Thomas Müller über den neuen Kurzhaarschnitt des Franzosen)

»Es war lustig, weil so ein kleiner Zwerg an so einem großen Trainer hing.«

(Bastian Schweinsteiger zum Jubelsprung Ribérys in die Arme von Trainer Louis van Gaal)

Nr. 30
€ 1,30
25. Juli 2007
Sport Bild
www.sportbild.de
Sportschau muss bleiben!
Bayern-Boss Rummenigge kämpft um Kult-Sendung
ARMINIA BIELEFELD
Middendorp flippte im Flieger aus
VFB STUTTGART
Hohe Prämien! Heldt reizt die Spieler
SCHALKE 04
...pitän Bordon ...rdert ...ue ...ars
Ribéry exklusiv
Warum ich die Bayern so lange zappeln ließ
Der wahre Grund für meine Absage an Real Madrid
Schulden kosteten mich fast die Karriere – Seite 26
MSV DUISBURG
Ailton: Rostock tritt gegen ihn nach
MÖNCHENGLADBACH
Matthäus: Borussia steigt auf
Köln: Daum unter Druck
Kasse leer, drei Stars fehlen

»Franck ist nur ein einziger Muskel, ich hatte keine Chance.«

(Christian Lell)

Starschnitt
Lars Ricken

In Dortmund wird der Jungstar Lars Ricken langsam erwachsen. Dennoch bleibt er der Teeniestar Nummer 1. Was dem Profi Ricken nicht immer ganz passt:

»Manchmal ist mir das schon peinlich, wenn die Mädchen für mich singen oder ihre Telefonnummern auf den Team-Bus schreiben.«

Lars Ricken

»Bei den Mädchen ist er sehr beliebt. Das erinnert mich manchmal an ›Take That‹ für Kleine.«

(Michael Zorc über seinen jungen Nachwuchsstar)

»Der Prinz aus dem Pott« (»Sports«, Zürich), Dortmunds Lars Ricken, spricht weihevolle Werbeworte: »Ich sehe VIP-Logen, wo früher Stehplätze waren. Ich sehe Spieler, die öfter mit der Presse reden als mit ihrem Coach. Ich sehe Vereine, die teure Profis kaufen, statt den eigenen Nachwuchs zu fördern. Ich sehe Typen in Nadelstreifen und Geschäftemacherei ohne Ende. Und dann sehe ich, was wirklich wichtig ist.«

Kennen Sie den?

»Lars Ricken: erst 22 und hat schon eine eigene Meinung.«

(Jörg Wontorra)

Der 28. Mai 1997 ist ein besonderer Tag.

Der **BVB gewinnt das Champions-League-Finale gegen Juventus Turin** und die Besucher im Münchner Olympiastadion erleben einen dieser seltenen magischen Momente, der in den Geschichtsbüchern des internationalen Fußballs verewigt ist. Als Lars Ricken das entscheidende Tor des BVB gegen Juventus Turin schießt, jubelt ganz Dortmund. Sein Mitspieler Andi Möller meint damals überschwänglich: **»Dieser Ricken muss ein Glücksschwein gefressen haben. Der ist so gut drauf, der ballert auf Kommando auch die Glocke aus dem Kirchturm.«** Der Fernsehkommentar von Marcel Reif, der die siebzehn Sekunden von der Einwechselung bis zum Tor auf fünf zurechtstutzt, ist mittlerweile fast genauso legendär wie der Treffer selbst: **»Ja, jetzt geht auch Stéphane – Chapuisat – und Lars Ricken kommt. Der Mann mit dem entscheidenden Tor in Auxerre. Mit dem entscheidenden Tor in Manchester. Möller. Ricken! Ricken! Lupfen jetzt! Jaaaaaaa! Fünf Sekunden auf dem Platz. Fünf Sekunden! Lars Ricken! Das kann man nicht erfinden. Legenden werden geboren, und Sie sind live dabei!«**

Starschnitt
Hermann Rieger

In Hamburg verabschiedet sich nach 26 Jahren der **Kult-Masseur Hermann Rieger** in den Ruhestand – verdientermaßen mit einem Abschiedsspiel zwischen der aktuellen Mannschaft und einem All-Star-Team. Dereinst wurde Rieger von Manni Kaltz aus Mittenwald in die Hansestadt geholt. Der HSV-Profi Bernd Hollerbach träumt davon, Rieger nach seiner Laufbahn wieder zurück in seine Heimat zu locken: **»Ich gehe mit Hermann Rieger nach Mittenwald. Er macht den Skilehrer, und ich verkaufe die Weißwürste.«** Dort tut man auch einiges für den beliebten Masseur und benennt einen Weg in der Nähe seines Elternhauses in **»Hermann-Rieger-Weg«** – doch es bleibt bei Hollerbachs Traum. Zum Abschied schenkt der HSV Rieger ein Buch mit dem Titel **»In Hamburg sagt man Tschüss«**.

»Hermann war mein bester Transfer!«

(Günter Netzer über Hermann Rieger)

Zurück in der Hansestadt bleiben auch das nach ihm benannte Maskottchen **»Dino Hermann«** und der größte Fanklub des Klubs **»Hermanns treue Riege«**. Auf hsv.de erinnert sich Rieger an den Tag, als er zu einer Legende der Bundesliga wurde: **»Es war bei einem Nordderby gegen Werder Bremen. Ich lief auf den Platz, um einen unserer Spieler zu behandeln. Auf dem Rückweg zur Trainerbank sah ich, dass ein Bremer einfach umgekippt war, der kriegte keine Luft mehr. Ich lief quer über das Feld, um ihm zu helfen. Der Schiri hatte davon aber nichts mitbekommen, kam zu mir und zeigte mir die Rote Karte. Ich musste also das Feld verlassen und lief an der Bremer Kurve vorbei, mit einem mulmigen Gefühl, denn beim Derby waren ja schon andere Dinge passiert. Aber dann erkannte ich, dass sie meinen Namen riefen. Ich konnte es kaum glauben. Unsere Fans haben es dann übernommen, jedes Mal, wenn ich aufs Feld lief.«**

Starschnitt Wynton Rufer

Bremen freut sich über einen exotischen Neuzugang. Über den Umweg Schweiz kommt Wynton Rufer aus Neuseeland zu Werder und wird deshalb bald nur noch »Kiwi« gerufen. Als er sich im Sommer aus der Schweiz verabschiedet, reist er nur mit einigen Koffern voller privater Gegenstände nach Bremen. Seine Möbel hat er verschenkt – an Passanten vor seiner Haustür. Rufer: **»Ich bin bei der Heilsarmee. Meine Auffassung ist, dass ich durch den Fußball gutes Geld verdiene. Warum soll ich nicht denjenigen etwas davon zukommen lassen, die nicht so reich sind?«**

In seinen wilden Jahren vor Werder bittet Wynton Rufer seinen Trainer schon einmal, das Training am Donnerstagmorgen nach Europapokalspielen ausfallen zu lassen: »Ich muss abends immer so lange fernsehen, da kann ich am anderen Morgen nicht trainieren.«

»Der hat geschrieben, dass er Meier heißen wolle, wenn Wynton Rufer ein Star wird. Nun heißt er eben Meier.«

(Otto Rehhagel über Max Merkel)

»Ich würde es nicht unbedingt Arbeit nennen. Sie will versuchen, ein Baby zu bekommen.«

(Wynton Rufer auf die Frage, ob seine Frau in Japan auch arbeiten gehen wird)

Starschnitt

Karl-Heinz Rummenigge

»Wissen Sie, was 0,5 Promille sind? **Die hat doch hier im Stadion jeder.«**

(Karl-Heinz Rummenigge zum Fahrverbot von Stürmer Giovane Elber)

»Einen **Stammplatz** erhält er, aber nur **auf der Ersatzbank**!«

(So begrüßt Bayerns Stürmer Karl-Heinz Rummenigge seinen neuen Mitspieler Asgeir Sigurvinsson.)

Rummenigge geht mit einem weinenden Auge aus München weg: **»Das ist wie mit der ersten Liebe – die vergisst man auch sein ganzes Leben nicht!«**

In München jubelt die Presse über einen neuen Star am Stürmerhimmel: **»Wenn man den Rummenigge mit seinem Gegenspieler in eine Telefonzelle sperrt, käme der eine Viertelstunde nicht an den Ball.«**

»Die Schalker haben ja gar keinen Balkon und müssten erstmal einen bauen. Bei der Finanzlage der Kommunen wollen wir ihnen das aber doch lieber ersparen.«

(Karl-Heinz Rummenigge kurz vor dem Meisterschaftsfinale)

Starschnitt
Rolf Rüssmann

4:0 in Bremen verloren. Rolf Rüssmann ist sauer:
»Das war doch keine Deckungsarbeit. Das war Schweizer Käse!«

»Wenn wir hier nicht gewinnen, dann treten wir ihnen wenigstens den Rasen kaputt.«

»Sie haben einen Fuß wie ein Bügeleisen.«
(Rudi Gutendorf)

Mitten in der Saison wechselt Rolf Rüssmann am 1. Dezember von Schalke zum Reviernachbarn nach Dortmund. Eigentlich ein Unding in normalen Zeiten, doch die Zeiten auf Schalke sind alles andere als gewöhnlich. Man kämpft gegen den Abstieg und hat einfach kein Geld mehr. Der Transfer vor den finanziell harten Wintermonaten ist die einzige Rettung – das weiß auch Rolf Rüssmann: **»Ich habe mich auch bei Spielen unterm Dorfkirchturm für Schalke eingesetzt. Jetzt leiste ich dem Verein einen letzten Dienst und wehre mich nicht gegen einen Transfer, dessen Erlös Schalke vielleicht retten kann.«**

Rolf Rüssman mit Frau Eva und Tochter Nina 1977

S

Starschnitt

Matthias Sammer

»Mir ist ein geschmackloser Sieg lieber als eine rauschende Niederlage.«

»Sicherlich haben wir im Moment einen **kleinen Lauf**, aber **Lauf heißt ja bekanntlich Lauf, weil's von laufen kommt**.«

»Grundsätzlich haben Frauen mehr Tiefe als Männer.«

»Ein Säugling kann auch keinen Mercedes fahren.«
(Über den verstärkten Einsatz von Regionalliga-Spielern)

»Kritik bedeutet nicht automatisch Erschießung.«

»Der Matthias ist noch ein junger Mann. Er wird auch noch aufhören, euch alles zu erklären.«

(Hans Meyer)

»Ich habe gestern wieder Ergebnisse getippt. Wenn Sie die hören würden, glauben Sie, ich habe gar keine Ahnung.«

»Es fragt morgen keiner nach dem Wie. Maximal wird im ›Doppelpass‹ irgendein Käse erzählt.«

»Weil drei Verteidiger ausgefallen sind.«

(Auf die Frage, warum Stürmer Jan Koller auf der Bank saß)

Starschnitt
Thomas Schaaf

»Dass mein Haar gut liegt, denn ich trage es schließlich offen.«

(Antwort auf die Frage, was ihm denn besonders wichtig sei)

»Ich hätte mir die WENIGEN HAARE auf meinem Kopf AUSREISSEN KÖNNEN.«

(Nach dem Auslassen zahlreicher Torchancen seiner Mannschaft)

»Wenn man so will, habe ich in Bremen **13 Jahre lang einen Trainer gesucht – und immer wieder denselben gefunden.**«

(Klaus Allofs über Thomas Schaaf)

»Da müssen wir uns um 1.000 Grad drehen.«

(Über die Chancen Werders, den UEFA-Cup noch zu erreichen)

»Dass ich den Richtigen eingewechselt habe, haben ja alle mitgekriegt.«

(Zur Einwechslung von Miroslav Klose, der in der 2. Halbzeit Werder mit drei Toren und einer Vorlage zum 4:1-Sieg in Bochum schoss)

»Ich glaube, ich habe keinen erkennbaren Sprachfehler.«

(Thomas Schaaf, nachdem Medienvertreter wiederholt fragten, ob er seinen bis Ende kommender Saison laufenden Vertrag mit Werder erfüllen wird)

»Wir haben zumindest die Zweikämpfe nicht verloren. **Aber nur, weil wir nicht in sie hineingekommen sind.«**

»Hier gab es heute **Licht** und **Schatten**.«

*(**Zur Strompanne** beim Spiel gegen Schalke 04, das wegen Flutlichtausfalls mit über einer Stunde Verspätung begann)*

»Prinzipiell ist es egal, ob es der Posemuckelpokal ist oder die Champions League: Wir wollen uns überall beweisen und überall bestehen.«

(Über Bremens Ambitionen in der europäischen Königsklasse)

Thomas Schaaf nach dem Sieg im Europapokal der Pokalsieger 1992

»Ich hätte ihn von der ersten Minute an **vollgetextet** und so in seiner Konzentration versucht zu stören.«

(Auf die Frage, wie er als gelernter Verteidiger früher gegen einen Spieler wie Ailton agiert hätte)

Starschnitt ……………… Rolf Schafstall

Schafstall auf der Pressekonferenz nach einer Niederlage: »Wir haben 2:1 verloren.« Daraufhin erhält er den Hinweis, dass das Spiel 3:1 endete. Seine Reaktion: »Ach so? Ich bin schon mit 2:1 in die Kabine gegangen.«

»Wir Trainer sind nun mal gerade auf Pressekonferenzen von ganz unterschiedlicher Natur. Der eine trägt sein **Herz auf der Zunge,** der andere nimmt lediglich den Mund voll.«

»Ich war überrascht, dass die Coaching-Zone bis zum Spielfeld geht. **Ich dachte, die wäre kleiner.**«
(Bei seinem Comeback in Bochum zu den Veränderungen in der Bundesliga)

»Ein **Handschlag** ist gut, aber ein Vertrag ist immer besser.«

»Ja. Das kann sein.«
(Auf die Frage, ob er manchmal Journalisten anlügt)

»Das **unterscheidet** mich von Ihnen, Trainer. Sie haben nie eine große Zeit gehabt!«

(Dresdens Torsten Gütschow, nachdem Rolf Schafstall zu ihm sagte, dass seine große Zeit vorbei sei)

»Ich höre mir den Kollegen **Schafstall** ganz ruhig an. Wer wenig zu sagen hat, redet eben besonders viel.«

(Karl-Heinz Feldkamp)

»Hier bist du jeden Tag verzweifelt. Weil so viele **Antifußballer** dabei sind. Wenn ich das manchmal sehe, was wir hier für schwache Fußballer haben. Mann, Mann, Mann!«

(Während seiner Zeit beim VfL Bochum in die Kameras eines TV-Teams)

Rolf Schafstall philosophiert bei **Kerzenschein** nach dem 1:0-Auftaktsieg über Kickers Offenbach noch ein wenig mit den anwesenden Journalisten über sich, das Leben und seinen Verein: »Ich bin nicht der Pater Leppich des VfL Bochum. Vielleicht ist das aber genau der richtige Weg. Wir stecken Kerzen an und versammeln uns regelmäßig zum **Gebet**.«

25. Februar 1986: Vorstellung des neuen Trikotsponsors Opel, hinten von links: Jupp Tenhagen, Klaus Fischer, Rolf Schafstall, Stefan Kuntz und Thomas Kempe, vorne: Opel Vorstandsvorsitzender Hans Wilhelm Gäb und VfL-Präsident Ottokar Wüst

Auf dem Trainingsplatz. Coach **Rolf Schafstall**: **»Wenn ich das manchmal sehe, was wir hier für schwache Fußballer haben. Mann, Mann, Mann!« Die Stimme aus dem Off fragt nach: »Aber woran liegt das denn?«**

»Warum? Weil sie sich keine Mühe geben, Herrgott noch mal! Das ist das doch hier. Zwei, drei sind dabei, die können das. Alle anderen können es nicht, ne! So eine Scheiße ist das hier. Da kannst du alles trainieren. Jede zehnte Flanke kannst du gebrauchen. Ende, ne!«

Während Schafstall mit Trikot in der kurzen Buxe und verzweifelt ausgebreiteten Armen seine Tiraden weiter rausschreit, läuft er inmitten der trainierenden Spieler über den Platz. Als von rechts der Ball an die Strafraumgrenze gespielt wird, ruft der VfL-Trainer mitten in die Szene hinein: **»Ja, und jetzt?!«** Ein Bochumer Spieler nimmt den Ball wunderschön ey, trifft ihn optimal ballert ihn mit einer bildlichen Schusstung – an die Latte. hafstall hat endgültig enug. Mit einem letzten lick voll angestautem kel schaut er knapp an der Kamera vorbei und ruft quer über den Platz: **»Siehste?! Mann, Mann, Mann!«**

Rolf Schafstall und Hermann Gerland freuen sich über ein 6:1 gegen Fortuna Düsseldorf (Mai 1984), dahinter Erich Klamma.

Stefan Kuntz als Polizist (1983)

Stefan Kuntz über seinen Trainer **Rolf Schafstall:** »Das war ein echt harter Hund. Aber im Grunde hatte der auch was Soziales. Der hat allen Spielern erlaubt, selbst Vorschläge zu machen, wer uns als Mannschaft weiterhelfen könnte. Und so haben wir munter Bekannte und Familienangehörige zum Training mitgebracht. Einmal war dann auch ein Cousin von **Heinz Knüwe** da. Der schien allerdings nicht seinen besten Tag erwischt zu haben. Zum Ende hin spielten wir noch elf gegen elf. Eigentlich lief alles super, doch Schafstall war mal wieder mit irgendwas überhaupt nicht einverstanden und pflaumte gerade Zumdick an. Das Spiel war unterbrochen. Jedenfalls dachten das alle – bis auf den Cousin. Der trabt munter weiter rechts die Linie entlang, versucht, eine Flanke zu schlagen, und schießt den Ball im hohen Bogen hinters Tor. Wir bleiben alle wie angewurzelt stehen und schauen der Kugel hinterher. Dann hörst du plötzlich nichts mehr, und der Ball donnert Schafstall genau an den Hinterkopf. Im nächsten Moment: 22 Spieler auf dem Boden beim Schuhbinden. Wir haben uns kringelig gelacht. Nachher kam Gerland zum Cousin und hat ihm seinen Arm um die Schulter gelegt: **›Da kannst du nichts für, Junge. Dat Gras ist ein bisschen hoch gewesen, was?!‹«**

Heinz Knüwe auf einem Trecker (1975)

Starschnitt Mehmet Scholl

»Inzwischen ist er 30 Jahre alt und immer noch auf der Titelseite der ›Bravo Sport‹. Er hat es wirklich weit gebracht.«
(Oliver Kahn über seinen Mannschaftskameraden Mehmet Scholl)

»Der hat sogar Haarschnitt-Freiheit.«
(Karl-Heinz Rummenigge über Mehmet Scholl, der mit einem Irokesenschnitt auflief)

»Bis sein Vertrag ausläuft im **Jahr 2002**, braucht er nicht zu warten. Dann ist er doch auch schon **um die 42**.«
(Didi Hamann auf die Frage, ob sein ehemaliger Bayern-Kollege ins Ausland wechseln solle)

»Ich kenne da einen zwölfjährigen Jungen, der ist auf dem **Geschwister-Scholl-Gymnasium**. Und der hat ernsthaft geglaubt, das seien die **Geschwister von Mehmet Scholl**.«
(WDR-Moderator Manni Breuckmann)

Heute im Starclub
Mehmet Scholl: Mädchen, Macken und Moneten

»Die schönsten Tore sind diejenigen, bei denen der Ball **schön flach oben reingeht.**«

»Spielerfrau.«

(Auf die Frage nach seinem Lieblingsberuf)

»Lieber ewiges Talent als gar kein Talent.«

»Es ist mir völlig egal, was es wird. Hauptsache, er ist gesund.«

(Als werdender Vater)

»Ich fliege irgendwo in den Süden – vielleicht nach Kanada oder so.«

»Ronaldo? Da hätte früher der Jens Jeremies gesagt: ***›Dass mir den ja niemand anfasst. Der gehört mir!‹«***

(Mehmet Scholl während einer Fernsehübertragung über Cristiano Ronaldo)

»Ich hatte noch nie Streit mit meiner Frau. Bis auf das eine Mal, als sie mit aufs Hochzeitsfoto wollte.«

Starschnitt
Mehmet Scholl

»Pass auf, was du sagst. Ich lell dir gleich eine.«

(Spaß auf Kosten des ehemaligen Kollegen, der seine Freundin geschlagen haben soll)

»Man gilt als **graue Maus** – aber drei Tore machen **einen Tiger draus**!«

(Nach einer Klatsche gegen Wattenscheid)

»Wenn ich niese, hacke ich mir ins Knie.«

(Angesprochen auf seine markanten Zähne)

»Oliver Kahn wollte sich gerade ertränken. Da konnte ich ihn soeben noch von abhalten. Und der Rest der Mannschaft hat sich auf der Toilette eingeschlossen.«

(Auf die Frage nach der Stimmung in der Mannschaft des FC Bayern)

»25 Jahre alt und schon keine Ziele mehr.«

(Nach dem gewonnen EM-Finale 1996)

Mehmet Scholl mit seinem Hund Amadeus kurz nach seinem Wechsel vom KSC zum FCB.

»Da denk ich noch nicht dran. Die WM ist ja erst in 2 Jahren. Und dann bin ich ja auch schon 1 ½ Jahre älter.«

(Zu seinen Ambitionen für die WM 2006)

»Kameradschaft ist, wenn der Kamerad schafft.«

»Mein Sohn ist wegen dem Rennen hier, ich nur wegen den Boxenludern.«

(Auf die Frage, warum er beim Großen Preis in Hockenheim sei)

»Wie war noch die zweite Frage? Das ist nicht so einfach, ich bin schließlich Fußballer …«

(Bei einer Pressekonferenz, nachdem ihm zwei Fragen auf einmal gestellt wurden)

»Ich kann nicht sagen, dass ich es nicht gesagt habe, weil ich es gesagt habe.«

Von Mehmet Scholl veröffentlichte CDs.

Starschnitt Mehmet Scholl

»Prinzessin Fergie möchte an einem Kamelrennen teilnehmen. Nicht entschieden ist, wer sie reitet. Das ist Harald Schmidt, das sind Meilensteine guten Humors.«

(Über Harald Schmidt)

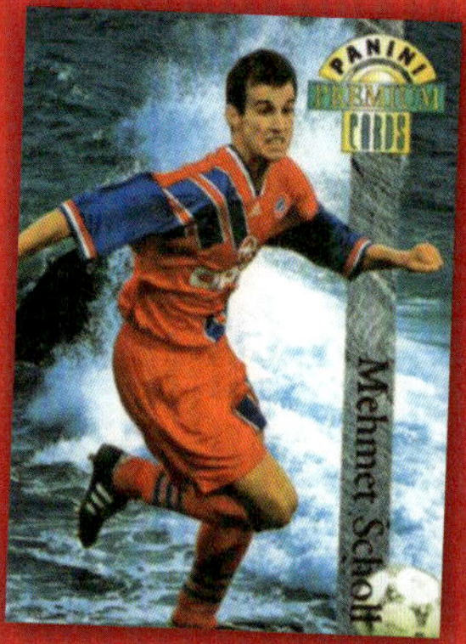

»Man muss schon mit dem Arsch zur Wand schlafen …«

(Über Trainingslager)

»Wir werden was trinken und dann heulen wir alle. Dann tauschen wir die Frauen und dann gehts weiter …«

(Nach seinem Abschiedsspiel gegen Mainz)

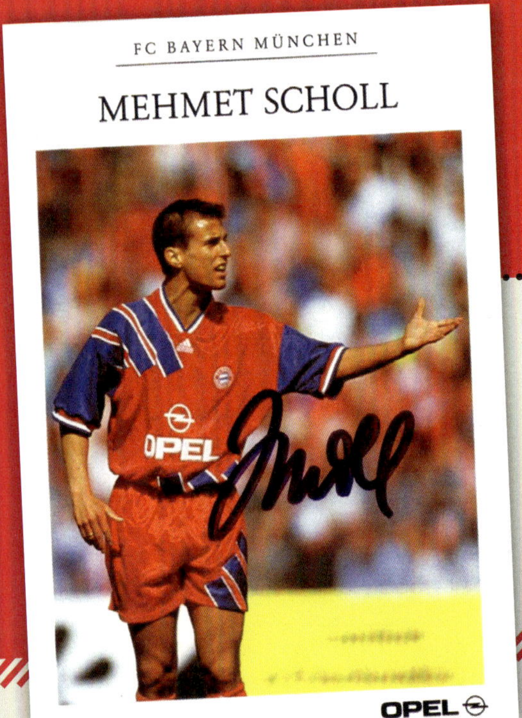

»Meine Besonderheit ist, dass ich das Gleiche wie alle anderen Männer auch tue mit Frauen, **nur 20 Minuten kürzer**.«

»Meine Frau und ich, wir sind jetzt seit zwei Jahren verheiratet und bei uns läuft alles gut.«

(Ausweichend auf die Frage, wann ihm Rehhagel denn mitgeteilt habe, dass er wieder nur Ersatzspieler sein werde)

»Ich sehe mich eher als Spieler in einer Position, die es gar nicht gibt.«

»Das ist wie ein Auto,
das sechs Monate in der Garage gestanden hat und dann direkt auf die Autobahn fährt.«

(Zu seiner körperlichen Verfassung nach dem Comeback)

»Ich hab dem Oliver in der Kabine gesagt: **›Du hältst ja alles, Fußbälle, Golfbälle …‹**

(Nach der Golfball-Attacke gegen den Torwart in Freiburg)

»Eng.«

(Auf die Frage, wie es war, als Bundeskanzler Kohl nach dem EM-Sieg 1996 in die Kabine kam)

»Hängt die Grünen, solange es noch Bäume gibt!«
Reaktion eines Grünen-Abgeordneten:
»Zieht dem Scholl die Vorderzähne, solange es noch Nagetiere gibt!«

Scholl am 23. Mai 2001 nach dem Gewinn der Champions League

Starschnitt
Willi Schulz

Mit den typischen Ruhrgebietskneipen konnte auch der in Wattenscheid-Günnigfeld aufgewachsene Willi Schulz wenig anfangen. Zwar war er der Sohn eines Gastwirts und am Anfang seiner Karriere selbst Betreiber eines Bierlokals, aber nachdem er 1965 zum hanseatischen Vorzeigeklub gewechselt war, erschienen ihm das ehemalige Leben und die alte Heimat offensichtlich nicht mehr fein genug:

»Weisse, im Pott gehse inne ordinäre Kneipe. Anne Theke stehnse sich die Füße platt und saufen Pils und Korn. Hier abba sitzte schön auffe Wildledersofa und trinks Tschinn und Tonnick.«

»Ein auswärts erzielter Punkt zählt immer.«

Willi Schulz, Uwe Seeler und Peter Nogly entpannen gemeinsam nach der WM in Mexiko im Oktober 1970 auf einem Segelschiff auf der Nordsee. Die Spieler und ihre Familien machten Urlaub auf Helgoland.

Starschnitt
Toni Schumacher

»Dann zahl' ich ihm seine Jacketkronen.«

»Seither bemühe ich mich, bei jeder leichten Berührung, bei jedem Zusammenstoß, bei jedem Foul **im Gegner zuerst den Menschen zu sehen.«**

(In Bezug auf das Foul an Battiston)

»Wenn man seine Laufbahn beendet, stellt sich endgültig raus: Der Rest des Lebens – das ist der längere Teil.«

»Wenn du immer verlierst, ist jede Ästhetik im Eimer.«

»Es gibt Berichte, die sehen aus wie ihre Autoren.«

»Mir ist doch völlig gleichgültig, wer unter mir Bundestrainer ist.«

»Was man mit dem Mund macht, das braucht man nicht zu laufen.«

Harald Schumacher mit Ehefrau Marlies und Sohn Oliver im Mai 1980

»Wenn ich Trainer wäre und der Torjäger müsste immer bei seiner Frau schlafen, um im Spiel zu treffen, ja lieber Gott, dann soll er doch.«

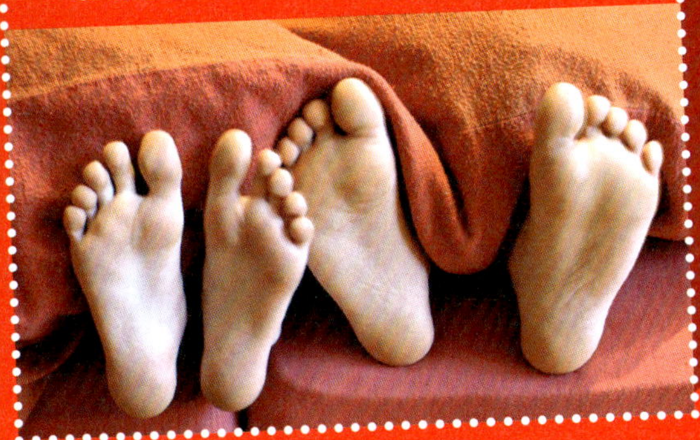

»Trainer müssen glücklich sein. Kein anderer **Schmutzlappen** verdient so viel Geld.«

»Lieber ein Ende mit Schrecken als ein Schrecken mit Ende.«

(Pierre Littbarski über die Entlassung von Toni Schumacher bei Fortuna Köln)

»Meine Mutter hat immer gesagt: **Immer schick ist nimmer schick.** Soll heißen: Wer immer gut aussieht, bei dem fällt es irgendwann nicht mehr auf.«

»Meine Maxime heißt: den Ball halten.«

»In der freien Wirtschaft würde ein 1. FC Köln erbarmungslos absaufen.« *(In der Saison 1995/96)*

»Mit mir kriegt man keine Probleme. Man muss nur machen, was ich will.«

Schumacher packt beim Hausbau selbst mit an (im März 1980).

Starschnitt Bernd Schuster

Gisela Schuster schrieb an ihren Sohn Bernd Anfang der 1980er Jahre einen **offenen Brief** in der Illustrierten »Bunte«, weil sie nicht im Besitz seiner Geheimnummer war: »Lieber Berndi, was ich von dir weiß, weiß ich aus den Zeitungen. Ich habe nicht einmal deine Telefonnummer. Willst du nur deine Ruhe haben? Hat dich der Trubel so verändert? Ich habe mit dir gezittert und gebangt, ich habe mit dir gejubelt und um dich geweint. Herzliche Grüße und alles Gute, **deine Mutti**.«

»Sportlich Franz Beckenbauer, persönlich meine Frau Gaby.«

(1980, auf die Frage nach seinem größten Vorbild)

Bernd Schuster mit Frau Gaby und Sohn Benjamin nach der Taufe im März 1980

»Im Trainingslager zur EM 1980 spitzte der Bernd im Schlaf dauernd den Mund und murmelte: Gaby, Gaby!«

(Bernd Cullmann über seinen Zimmergenossen Bernd Schuster)

»Artikel über mich lese ich nicht. **Das macht meine Frau.«**

»Er hat die Intelligenz eines ostfriesischen Teebeutels.«

(Karl-Heinz Rummenigge)

Ein Eisberg, der an UFOs glaubt

... EM in Italien, bei de... er zum ...ometen des Turniers avanciert war, hatte ihre Auswirkung auch auf unsere Aktion: „Frag Sie Ihren Star". Und wie sie ihn fragten, die Leser, den Bernd Schuster! Vom Fußball bis zu seinem Baby Benjamin reichte die Flut der Fragen an den Kölner, den sie „Eisberg" nennen und der an UFOs glaubt

»Bernd Schuster ist die Liz Taylor des deutschen Fußballs.«

(Sportjournalist Helmut Schümann)

»Eine Meisterschaft ist wie eine Geburt. Sie dauert neun Monate – am Ende wird sie immer schmerzhafter.«

Der Ex-Augsburger macht auch Hausarbeit. Pflegemutti Frau Hammermann umhegt die Kölner Junggesellen (von links) Gerald Ehrmann, Bernd Schuste und Holger Willmer. Trainer Hennes Weisweiler überlegt schon, wie er den „Naturburschen" aus Augsburg in der Mannschaft läßt, wenn der derzeit verletzte Gerd Strack wieder gesund ist.

»Keiner muss so super spielen wie ich früher.«

Starschnitt
Katsche Schwarzenbeck

»Erst hob i den kaltg'stellt und dann hot er gfrogt, ob i ned zu seim Verein möchte.«

(»Katsche« Schwarzenbeck über ein Spiel gegen den Schotten Dennis Law)

»Schwarzenbeck als Libero – das ist so, als ob Willy Millowitsch versucht, den Hamlet zu spielen.«

(»Kölner Stadt-Anzeiger«)

»Katsche die Sexbombe!«

Mit dieser Schlagzeile sorgte 1974 eine Münchner Zeitung für Aufsehen. Grund für die Überschrift war ein Leserbrief im Männermagazin »Playboy«, in dem ein Herr Ahrweiler über seine Geliebte klagte: »…verfiel sie anlässlich der zahlreichen Übertragungen von der Fußball-WM sofort in Verzückung, wenn jener raubeinige Verteidiger auftauchte: ›Ja, mach doch, hau drauf, jetzt, jetzt, mehr, mehr – ooohhh!‹ waren noch die harmlosesten Seufzer, die sie von sich gab. Ich habe manchmal gedacht, dass meine Freundin zum Orgasmus kommt – vor allem, als jener Schwarzenbeck im Zweikampf Mann gegen Mann zuschlug…« Schwarzenbecks Kommentar zu dem Brief: **»Ja, mei, der oane hat's halt – und der andere net.«**

Schwarzenbeck wird nach erfolgreicher Beendigung seiner Buchdruckerlehre gegautscht.

Katsche wird Schauspieler. Im Film **»Wehe, wenn Schwarzenbeck kommt«** spielt der bayerische Abwehrhaudegen einen Postboten. Die Kritik ist nicht gnädig mit dem Streifen: **»Die dünnblütige Story ist lediglich der Rahmen für eher dürftige Gags und Sprüche von Werner Enke!«**

»Früher, da gab es noch einen wie Katsche Schwarzenbeck. **460 Bundesligaspiele, kein Ballkontakt.** Der dachte 20 Jahre lang, so'n Bein wächst nach.«

(Atze Schröder)

Nach zwei Beckenbauer-Eigentoren in Folge ist Torwart Sepp Maier sichtlich angefressen. Für die folgenden Spiele gibt er das Kommando aus: »Der Katsche Schwarzenbeck soll ab jetzt den Franz decken, nicht mehr den Torjäger vom Gegner. Der Franz ist zurzeit unser schärfster Gegner.«

Schwarzenbeck ist verletzt und beschäftigt sich mit dem Hasen Schnuffy.

Starschnitt

Bastian Schweinsteiger

»Jeder Spieler hat bei uns ein **Handtuch** in der Kabine. Nur komischerweise war **bei mir nie eines da.** Ich dachte immer, wo ist nur mein Handtuch? **Dann sehe ich neben mir den Oli, wie er sich seine Haare schön macht, wie er seine Handschuhe poliert und alles Mögliche – mit zwei Handtüchern!«**

(Bastian Schweinsteiger)

»Ich habe ihn das erste Mal im November 2002 kennengelernt. Da saß ich neben ihm. Und das erste Mal, dass er mit mir gesprochen hat – das war dann so 2005.«

(Bastian Schweinsteiger über Oli Kahn)

»Shanghai hat 22 Mio. Einwohner, so viele gibt es ja in Europa fast nicht.«

(Bastian Schweinsteiger)

»Wenn ich an die Säbener Straße komme, fühle ich mich wie zu Hause. Ich kenne die Angestellten von A bis Z und weiß, wo die Toiletten sind.« *(Bastian Schweinsteiger)*

»Ich hab zum Spaß gesagt: **Ich hab kurz vor meinem Elfmeter meine Eier vergessen oder verloren, aber sie dann rechtzeitig wiedergefunden. Im Elfmeterschießen gehört Glück dazu, meistens haben es wir Deutsche.«**

(Bastian Schweinsteiger)

»Wenn man eine neue Freundin hat, klappt auch nicht immer gleich alles perfekt.«

(Bastian Schweinsteiger zur Eingewöhnungszeit zwischen der Mannschaft und Trainer Louis van Gaal)

»Der Linienrichter hat mit der Fahne gewedelt, als wenn er einen Stromschlag gekriegt hätte.«

(Bastian Schweinsteiger)

Starschnitt
Uwe Seeler

»Über Uwe Seeler müsste man fässerweise **HONIG** ausschütten.«
(»Welt«-Redakteur Hans-Jürgen Usko)

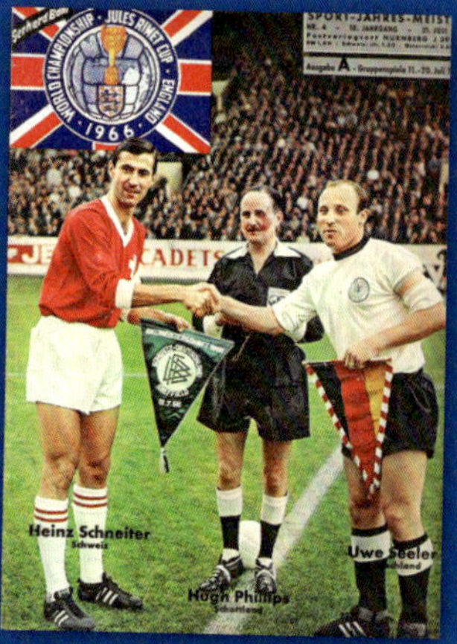

»Kicker«-Herausgeber Dr. Friedebert Becker nach einem spektakulären Seeler-Tor 1960 gegen Westfalia Herne: ***»Jede Varietébühne der Welt zöge volle Häuser, wenn sie ihrem Publikum dieses Uwe-Tor, das entscheidende Uwe-Tor, möglichst in Zeitlupe, allabendlich vorführen könnte. Aber dieses wahrhaft akrobatische Rückzieher-Tor im Liegen war noch viel wertvoller als ein für Bühnen einstudierter Trick. Weil es jene Tugend des kleinen Hamburgers lohnte, die mindestens ebenso kostbar ist wie das technisch Artistische: Uwes blitzartiges Erfassen der Lage …«***

»Ich entscheide die GROSSEN Dinge und meine Frau die kleinen. Welche Dinge groß und welche klein sind, entscheidet meine Frau.«

»Mein Motto war immer: Wer sein Glück nicht richtig genießt, der kriegt garantiert Verdauungsschwierigkeiten.«

Uwe Seeler tanzt während des Sportlerballs vom »Münchner Merkur« 1961 mit der Schwimmerin Wiltrud Urselmann.

»Es gibt **niemand** in unserer Stadt, **der ihn nicht kennt«**

(»Hamburger Morgenpost« 1960 über Uwe Seeler)

»Irgendwie steckt es in einem drin.«

(Auf die Frage, warum er so ein guter Stürmer sei)

»Nehmt euch an Uwe Seeler ein Beispiel.«

(Der Wiesbadener Oberamtsrichter Dr. Reinhold Brauser zu drei jugendlichen Automaten-Knackern, nachdem Seeler halbverletzt in Spezialstiefeln das Siegtor erzielte, durch das sich die deutsche Nationalelf für die Weltmeisterschaft 1966 qualifizierte.)

Uwe Seeler begrüßt neben seiner zukünftigen Großtankstelle zwei Schornsteinfeger.

»Schluss ist erst, wenn meine Frau sagt: **Uwe, hör auf**.«

(Im Jahr 1968)

»Wenn im Fernsehen Fußball läuft, muss alles um mich herum ruhig sein. **Da bin ich wie weggetreten**.«

Starschnitt
Ciriaco Sforza

Panini Premium Card
Saison 1994/95

»Als wir uns für die **WM** qualifiziert haben, ging ein Ruck durch meine ganze Person.«

»Ich wünsch mir, dass das Publikum hinter der Mannschaft steht, und zwar von der **1. Sekunde** bis zur 90.«

»Ich glaube, wir haben zwei unkonzentrierte Fehler gemacht.«

»Der ›Ciri‹ ist ein ruhiger **Pol**.«

(Andreas Brehme)

Der Vorstandsvorsitzende Kaiserslauterns, René C. Jäggi, über die Leistung seines Schweizer Landsmanns Ciriaco Sforza: **»Heute bin ich zum ersten Mal stolz, dass wir den gleichen Pass haben.«**
Sforza darauf: **»Ich habe zwei Pässe, er nicht.«**

»Ciriaco Sforza ist am **Ende**, aber am **Anfang** war er heute auch **noch nicht**.«

(Marcel Reif)

Autogrammkarte von Sforza im Trikot des Grasshopper Club Zürich

Coole Sache: Bis zu seinem 16. Lebensjahr spielte Ciri Eishockey

Fotos: Kunz

merte: „So komme ich nicht weiter. Ich muß spielen. Weg aus Zürich!" Abgeschoben nach Aarau, begann sein Aufstieg. Er zauberte im offensiven Mittelfeld. Er zeigte, was er kann. Und er ging mit neuer Power zurück nach Zürich. Auch zwei Schienbeinbrüche, verursacht durch brutale Fouls, konnten Ciri nicht aufhalten. Er, der Sohn eines italienischen Gastarbeiters, biß sich durch. Die Belohnung: Der Sprung ins Schweizer Nationalteam unter Uli Stielike.

Als die Bundesliga lockte, als auch Dortmund, Stuttgart und Karlsruhe scharf waren auf den Jungstar, packte ihn schnell das Betzenberg-Fieber in Kaiserslautern. Der Gang in die Provinz in die Pfalz war ein Volltreffer. Beim FCK bewies Ciri: Er ist ein Klassemann.

Obwohl verdammt heimatverbunden, fühlt er sich in seinem Haus in der Kleinstadt Alsenborn-Enkenbach mit seiner Freundin Nicole fast schon so wohl wie daheim in Wohlen. Die Entscheidung für den Wohnortwechsel fiel Ciri leicht. Denn: Allein als Profifußballer bist du nichts in der Schweiz. Wenn du zugibst, keinen zweiten Beruf zu haben, bist du unten durch. „So ist eben die Mentalität dort."

Aber was soll's? In Kaiserslautern stehen alle auf Ciriaco. Und das auch ohne zweiten Job. ■

Kommentare

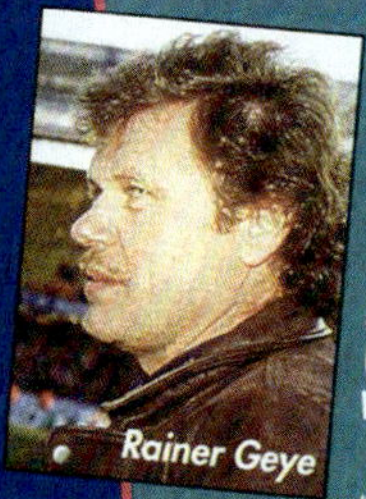

Rainer Geye

„Ciri ist ein Typ. Von dieser Sorte gibt es nicht mehr viele. Er ist ein Superfußballer, der am Ball alles kann. Er ist intelligent, auf dem Platz und außerhalb. Wenn er selbstkritisch bleibt, wird er ein ganz Großer."
(Rainer Geye, Manager in Kaiserslautern)

Uli Stielike

„Er ist ein technisch starker Fußballer mit Übersicht und Ballgefühl. Aber er neigt zu Leichtsinn, wenn er zu sehr gefeiert wird."
(Uli Stielike, Ciris früherer Trainer in der Schweizer Nationalmannschaft)

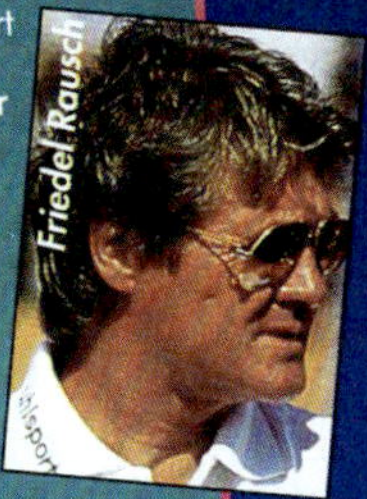

Friedel Rausch

„Ciriaco ist ein Profi, mit dem es Spaß macht zu arbeiten. Er ist menschlich okay und ein Vollprofi von klein auf. Daß er schon mit 13 bei den Senioren eingesetzt wurde, hat ihn geprägt. Ciri hat den nötigen Biß, ist clever im Zweikampf und ungemein stark am Ball. Bei ihm paßt einfach alles!"
(Friedel Rausch, Trainer in Kaiserslautern)

2 ■ kicker STARS 2

Starschnitt
Günter Siebert

»Erst hatten wir **James Bond**, jetzt kommt **Professor Brinkmann**.«
(Über den Präsidenten Günter Eichberg und seinen Vorgänger Michael Zylka)

»Wir brauchen auf Schalke nur einen Flutlichtmasten einzuweihen – schon kommen 3.000 Leute.«

»Zwei Piccolo, und ich rede jeden in Grund und Boden.«

Besonders herzlich wird das Jungtalent Rolf Rüssmann auf Schalke nicht empfangen. In seinem Vertrag stehen nicht die verabredeten zwei Jahre Laufzeit, sondern nur eins, und als er von den Königsblauen zu Hause abgeholt werden soll, wartet er vergeblich. Als ihn schließlich der Schalker Vereinswirt in sein Auto einlädt und zur Glückauf-Kampfbahn bringt, lässt man ihn dort weitere Stunden alleine in einem Zimmer warten. Rüssmann: **»Gegen Abend kam Günter Siebert und meinte: ›Ach ja, du bist auch da.‹ Ich sprach ihn dann sofort auf den Passus im Vertrag an und meinte, die Sache mit dem einen Jahr müsse doch ein Irrtum sein. Ich erhielt zur Antwort: ›Das hat schon seine Richtigkeit. Dir trauen wir nicht so viel zu, deshalb läuft der Vertrag nur über ein Jahr.‹«**

»Die Leute sagen: Wenn ich ins Gefängnis muss, ist der Gefängnisdirektor noch am gleichen Tag Schalke-Mitglied.«

»Was willst du von denen denn noch verlangen? Mit dem Kettchen am Hals und dem Clip am Ohr kommen die nicht mal mehr zum Kopfball hoch.«

»Wenn früher zu einem Spiel das Fernsehen kam, sind wir alle zum Friseur gegangen.«

»Da sieht man einmal, wie jung unsere Mannschaft ist. Wir haben noch Spieler, die kriegen Krankheiten, die normalerweise nur kleine Kinder bekommen.«

(Als sich Verteidiger Hartmut Huhse Windpocken eingefangen hat)

Präsident Günter Siebert vor der Spielzeit 1968/69: **»Wir zittern auch in diesem Jahr wieder. Aber diesmal nicht unten, sondern oben!«**
Auch als ihn der letzte Einäugige unter lauter Blinden als **»Zirkusdirektor«** beschimpft, lächelt Siebert nur erhaben in die Kameras: **»Zirkusdirektor? Ja, da bin ich stolz drauf, weil mein Zirkus immer ausverkauft ist …«**

Starschnitt

Uli Stein

Nach dem 1:1 gegen Saarbrücken in der Saison 1992/93 ist Eintracht-Torwart Uli Stein sauer auf seine Vorderleute. So sauer sogar, dass er sich nach der Partie in der Kabine nicht zurückhalten kann und im Beisein seiner sicherlich hoch erfreuten Mitspieler brüllt:

»Was bei uns alles in der Bundesliga rumrennt. Schick die Blinden zurück in die Oberliga!«

Stadionmagazin vom 27. Februar 1993

»Man schlägt sich so durch.«

(Über die viele Freizeit nach der Karriere)

Mediale Steilvorlage nennt man so etwas. So oder so:

»Er hält alles, nur nicht seine Schnauze.«

(»Frankfurter Rundschau«)

»Er hält alles, nur nicht den Mund.«

(»Süddeutsche Zeitung«)

»Lieber mal die Klappe aufreißen als mit einer Scheuklappe durchs Leben gehen.«

Eintracht Frankfurt – Erinnerungen und Erfahrungen

Ein Stein zum anderen

Mit dem HSV gewann Uli Stein schon den Europapokal, mit Eintracht nimmt er einen neuen Anlauf. Schon einmal schrieb ein anderer Stein Geschichte.

Der Traum, im internationalen Wettbewerb eine Rolle zu spielen, wurde für die Frankfurter Eintracht bei den letzten beiden Teilnahmen zum Alptraum. Nach dem Pokalsieg 1988 durch Lajos Detaris Freistoßtor gegen den VfL Bochum dachten die Hessen an die Wiedergeburt einer neuen großen Mannschaft. Doch Detari ging nach Griechenland und mit ihm auch der Erfolg. Im Europapokal der Pokalsieger war im Viertelfinale Endstation. Gegen den belgischen Cupverteidiger KV Mechelen gelang den Frankfurtern in zwei Spielen kein einziges Tor (0:0 und 0:1). Schlimmer noch, finanziell wurden die drei Heimspiele gegen Grasshopper Zürich, Sakaryaspor (Türkei) und Mechelen ein Minus-Geschäft. Der Glanz des Pokalsieges war wirkungslos verpufft.

In der vergangenen Saison schien die Eintracht am UEFA-Pokal sogar zu zerbrechen. Mit

Artikel aus dem »fußball magazin«

»Es entwickeln sich aus den **Duellen** richtige **Zweikämpfe**!«

Autogrammkarte von Uli Stein

- »**Ich bin** Einzelkämpfer,
- **nach mir ist nichts mehr.**
- **Ich bin der Letzte,**
- **bin verantwortlich,**
- **mir kann keiner helfen.**«

»Ich gebe nicht gern Exklusiv-Interviews. Ich habe da immer das Gefühl, ich störe.«

»Die Rücktritte nach der WM 1998 sind als ›windige Rücktritte**‹ bezeichnet worden. Aus diesen windigen Rücktritten sind in der Presse** Windeier **gemacht worden. Später sind die Windeier zu** Weicheiern **erklärt worden.«**

»Das finde ich an den Journalisten so heimtückisch: Die sagen sich, wenn man zum Interview schon keinen **Dummen** findet, einen **Dümmeren** findet man allemal.«

Stadionmagazin vom 10. August 1991

»Eigentlich ist es nur die Angst des Tormanns vor dem Elfmeterpfiff.«

Starschnitt
Dragoslav Stepanovic

Frage eines Reporters: **»Was wäre, wenn Sie bei Bundesligaspielen statt eines Anzugs einen Trainingsanzug tragen müssten?«**
Antwort: **»Dann würde ich nur schwitzen, weil ich mich wie im Training fühlen würde.«**

Nachdem Norbert Nachtweih Stepanovic einmal als »**Blender**« und »**Arschloch**« tituliert hatte, meint die Sportpresse, den Grund für Nachtweihs Rauswurf bereits gefunden zu haben. Doch der Trainer setzt in einem Gespräch mit der »Sport Bild« noch einen oben drauf: **»Er ist es nicht wert, über ihn zu sprechen. Nur so viel: Ich sah ihn zwei-, dreimal vormittags mit roten Augen. Nachtweih hatte eine Fahne – da war ich schon vom Riechen besoffen.«** Das saß!

Dabei ist es Stepanovic tatsächlich egal, wie ihn die Spieler beleidigen. Denn duzen dürfen sie ihn alle. »**Du Arschloch oder Sie Arschloch ist dasselbe**«, meinte der Trainer pragmatisch und zog verschmitzt an seinem Zigarrillo.

Sammelbild von Stepi bei der jugoslawischen Nationalmannschaft

Mit **Uli Stein** verbindet Stepanovic zu der damaligen Zeit eine Art Hass-Liebe. Als der Torwart ihm »**Ahnungslosigkeit**« vorwirft, kontert der Trainer:

»Es interessiert mich nicht, was der babbelt. Der ist so aufgeladen und erzählt Scheiße. Normalerweise muss ich ihn umbringen. Aber dann sehe ich seine Leistung und bekomme so ein großes Herz.«

Seinen offensichtlich lustlos agierenden Eintracht-Profis Gründel, Kruse, Sippel und Studer ruft der Coach nur hinterher: **»Wenn ich sehe, wie die laufen – das kotzt mich an!«** Und dem sensiblen Möller rät er: **»Du musst dich wehren. Ich kann dir nicht mehr helfen. Soll ich jedes Mal zu Kruse gehen und ihn schlagen, wenn er was zu dir gesagt hat?«**

»Der sieht beim Spiel immer so aus, als würde er sich freuen, dass er keinen Eintritt zahlen muss.«

(Jörg Wontorra)

Starschnitt

Dragoslav Stepanovic

Dragoslav Stepanovic geht bei schönem Wetter nie ohne Sonnenbrille aus dem Haus, und an Spieltagen trägt er Anzug: **»Nach einer Woche harter Trainingsarbeit ist das mein Sonntag, und sonntags zieht man sich in Jugoslawien fein an.«** Neben all den Äußerlichkeiten zeigt der Trainer der Frankfurter Eintracht auch eine nachdenkliche Seite von sich. In einer Art Tagebuch hat er sich Gedanken zu seiner Arbeit und seinen Spielern notiert: **»Ich warne euch: Versucht nicht, mich von meinem Weg abzubringen. Ich gebe euch keine Chance.« – »Ihr wisst, in was ihr euch eingelassen habt: Die Bundesliga ist zu vergleichen mit der Fremdenlegion. Ihr müsst jedes Mal das Beste geben, um euren Kopf zu retten.« – »Eure Schwäche ist, zu schnell aufzugeben, wenn es nicht läuft!«**

»Ich spiele nicht mit Worten. Die Worte spielen mit mir.«

Trainingslager im Januar 1992: Dragoslav Stepanovic vergnügt sich auf dem Jetski.

Eintracht-Trainer Dragoslav Stepanovic hat eine Platte aufgenommen. ***»Stepi und die Strassenjungs«*** nennt sich die musikalische Zusammensetzung. Der Song ***»Eintracht« wird der Hit des Jahres im lokalen Radio. Ein Ausschnitt aus dem Liedtext: »Jetzt geht es rund / die fangen jetzt ein Pfund / und der Stepi, der feuert sie an. / Und das Team kämpft hart wie ein Mann / und zeigt denen, was es so kann. / Wer feiert Feste / und wer lacht am Beste? Der, der zuletzt lacht / – Eintracht. 1, 2 / hau ihn rein / 3, 4 wollen wir!«***

Dragoslav Stepanovic wird in Frankfurt nicht glücklich. Auf die Frage, wo der Trainer denn die Zukunft des zweifachen jugoslawischen Fußballers des Jahres sehe, antwortet Gyula Lorant trocken:

»Ich glaube, neben mir auf der Bank!«

»Sein Wortschatz ist klein, aber **GROSSE** Worte findet er immer.«

(Aleksandar Ristic)

»Ich habe die ERLAUBNIS meiner Frau.«

(Dragoslav Stepanovic über seine Vorteile als Völler-Nachfolger)

Dragoslav Stepanovic mit den Jacob Sisters (1997)

Starschnitt
Huub Stevens

»Die Mannschaft ist ein großes Rad, das muss drehen.«

Charly Neumann (li.) und Trainer Huub Stevens nach dem UEFA-Cup-Sieg mit dem Pokal im Flugzeug

»Ich habe gehört, der Trainer hat schon angerufen und gratuliert. Er ist stolz auf uns und hat uns einige Tage frei gegeben. Wir treffen uns erst am Samstag in Cottbus wieder.«

(Ebbe Sand zur vermeintlichen Reaktion von Trainer Huub Stevens, der aus privaten Gründen nicht beim Spiel war)

»Dann müssen wir in der nächsten Woche eben **mit Assauer und Stevens in der Innenverteidigung spielen.«**

(Assauer angesichts der vielen verletzten und gesperrten Defensivspieler)

»Dass Ihre Wunschspieler nicht spielen, dafür entschuldige ich mich.«

(Zu einem Journalisten)

»Die Fans können ja nicht jeden Spieler beim Namen nennen, das sind zu viele.«

(Zu den Fan-Rufen »Stevens raus«)

»Weil sie so toll gespielt haben.«

(Über die Gründe seiner Auswechslungen)

»Wenn ein Schiedsrichter vor dem Spiel in die Kabine kommt und fragt, ob wir in Gelb spielen, dann frage ich mich, wo er hingegangen ist, welches Spiel er pfeifen wollte.«

»Es sind Worte gefallen. Jetzt werden Taten fallen.«

»Wer nicht reich ist, muss schlau sein.«

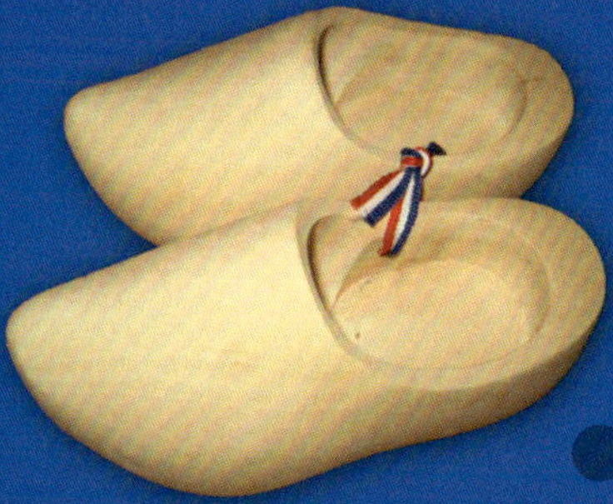

»Wir werden wegen Stevens keine Holzschuhe tragen.«

(Dieter Hoeneß)

»Er hat jaAlternativen – er kann aufhören!«

(Hans Meyer über die Lage des Trainers)

»Was willst du jetzt machen, Huub? Wenn du weiter so gut arbeitest, steigen wir nächstes Jahr ab.«

(Ein Fan zu Trainer Huub Stevens, dem vom Vorstand sehr gute Arbeit bescheinigt wurde)

Starschnitt
Jörg Stiel

»Hören Sie mal zu: Es ist einfach so, auswärts haben wir dieses Jahr scheinbar ein Problem. Ich habe ca. **97 Prozent meines Gehirns** abgesucht, wo das Problem liegt. Es fehlen nur noch drei Prozent. Geben Sie mir **noch eine Woche,** dann habe ich die drei Prozent auch noch abgesucht und **dann sage ich Ihnen, woran das liegt**.«

(Auf die Frage, warum sein Team nur zu Hause gewinnt)

»Ein Schuljahr hat mir so toll gefallen, dass ich es gleich noch einmal genossen habe.«

(Auf die Frage, wie er in der Schule gewesen sei)

»Hoffentlich kommt jetzt keiner auf die Idee, dass wir das jede Woche machen.«

(Zum fünftägigen Trainingslager vor einem Sieg in Wolfsburg)

»Wir haben Dienstag ein wichtiges Spiel. Da brauche ich meine Handschuhe.«

(Zu einem Fan auf Trophäenjagd)

»Wir dürfen uns jetzt nicht selber

Salz in die Augen streuen!«

(Gladbachs Keeper nach einem glücklichen Pokalsieg)

»Ich ärgere mich eigentlich über jedes Tor. Nur bringe ich mich mit meinen 33 Jahren auch nicht gleich dafür um. Und das ist auf der anderen Seite das Schöne am Fußball: die Vergänglichkeit. Nichts ist so vergänglich wie Fußball.«

»Wie soll ich die Szene beurteilen? Ich kann doch **keine zwei Meter weit** sehen.«

(Der Kontaktlinsenträger, befragt zu einem Handspiel von Leverkusens Keeper Butt)

»Jörg Stiel ist in letzter Zeit ein gefragter Interviewpartner. Er verdient dabei mehr Geld als bei uns.«

(Hans Meyer)

Starschnitt
Uli Stielike

»Mal ist die Suppe dick, mal ist sie dünn ... nur wenn nix Flüssiges drin ist, gibt es einen ätzenden Geruch.«

»Muss man jemandem mit Engelszungen zureden, hat ihn meist schon der Teufel an den Hammelbeinen.«

»Schuld ist der Mangel der Quantität an Qualität.«

»Ein Spiel gewinnt man am besten mit dem Konzept des Gegners.«

Europapokal der Landesmeister 1976/77: Viertelfinale Rückspiel gegen den FC Brügge (0:1). Uli Stielike zittert am Spielfeldrand mit.

»Dieses fehlende Gespräch hat uns eben gefehlt.«

(Zur Aufgabe seines Jobs als Ribbeck-Assistent)

»Allein wegen seiner **Sakkos** müsste man ihn **entlassen**.«

(Hans Krankl zu Uli Stielikes Geschmack in Sachen Bekleidung)

»Im Wort ›verdienen‹ ist auch ›dienen‹ mitinbegriffen. Und ich weiß noch, was das bedeutet. Auch wenn ich damit in der heutigen Zeit vielleicht eine Ausnahme bin.«

»Als er das Sakko kaufte, hat sogar der Blindenhund geknurrt.«

(Sepp Maier)

Starschnitt
Peter Stöger

»Ich habe dem Linienrichter meine Brille angeboten, aber auch das hat er nicht gesehen.«

(Fußballspruch des Jahres 2016)

»Hand wird in Köln etwas anders bewertet. Wir nehmen das zur Kenntnis und werden im Training das eine oder andere umstellen. Denn wenn es nicht geahndet wird, können wir uns selbst ein bisschen in den Bereich reinarbeiten und bald auch etwas mehr mit der Hand spielen.«

(Nach einem Spiel gegen Hoffenheim, in dem diverse Handspiele des Gegners nicht geahndet wurden)

»DIE MEISTEN VERTRAGEN EH NICHT VIEL.«

(Auf die Frage, ob ein Wiesn-Besuch seiner Mannschaft zu ausschweifend sein könnte)

»Wenn du in **drei Spielen sieben Punkte** machst, kannst du leicht in der Gruppe ums Lagerfeuer tanzen. Wenn du **dreimal verlierst**, musst du schauen, wie viele Jungs sich noch am Lagerfeuer treffen.«

»Dann würden wir daran teilnehmen.«

(Auf die Frage, was passiert, wenn sich der FC 2017 für die Europa League qualifizieren sollte)

Die Trainer-Familie Stöger kommt im **Karneval 2014** endlich richtig in Köln an. Beim Rosenmontagszug ziehen FC-Coach **Peter Stöger** und seine Freundin **Ulrike Kriegler** voll mit und die Kölner Jecken in ihren Bann. Und weil das Ganze so viel Spaß macht, präsentiert die Trainer-Frau auch gleich einen **Karnevalssong** und das passende Video mit Foto-Impressionen aus dem Leben der Stögers auf der Facebook-Seite ihres Partners. Glücklich sagt sie über ihren Song: »Es ist eine Art **Hommage an Köln und den Karneval**. Es war einfach genial für mich, dabei zu sein.«

KÖLNS SCHÖNSTE TRAINER-QUEEN

Ulrike Kriegler sorgt an der Seite des neuen FC-Köln-Trainers Peter Stöger in Deutschland für Furore. MADONNA traf die sympathische Kabarettistin zum privaten Talk.

Topfigur, blondes, langes Haar, sympathisches Lächeln und ein scharfer Sinn für Humor. Ulrike Kriegler ist förmlich gemacht für die Titelseiten der deutschen Boulevard-Presse, die der attraktiven Freundin von Neo-FC-Köln-Trainer Peter Stöger deshalb auch einen fulminanten Empfang bescherte. **Am Boden** wird die Schauspielerin und Kabarettistin, die ihr Alter nicht verraten möchte, aller Voraussicht nach dennoch bleiben. „Ich weiß, dass sich das alles ganz schnell ändern kann, wenn der FC Köln einmal verliert", erzählt sie im privaten MADONNA-Talk, in dem sie auch über Eifersucht, Seitensprünge und ihr persönliches Liebesgeheimnis spricht.

Vor uns liegen große deutsche Zeitungen, mit riesigen Schlagzeilen wie „Hier joggt die Trainer-Queen…". Was sagt Peter Stöger dazu, dass nun Sie der Star in der Familie sind?

ULRIKE KRIEGLER: (Lacht.) Ihm gefällt's! Natürlich macht er sich ein bisschen darüber lustig, wenn die BILD eine dreiviertel Seite über mich macht – und nur eine viertel Seite über sein Training berichtet. In Deutschland ist das aber, glaube ich, auch anders als in Österreich. Hier interessiert es absolut niemanden, was die Frau oder Freundin des Trainers macht. In Deutschland müssen die Zeitungen nahezu jeden Tag eine Seite über den FC Köln füllen – da geht ihnen irgendwann der Stoff aus. Also freuen sie sich über jedes Bild – auch wenn darauf nur ich beim Joggen zu sehen bin. Aber das wird sich bestimmt bald wieder legen und es wird sich alles wieder um den Sport drehen.

Sie waren nun das erste Mal in Köln. Kann diese Stadt zu Ihrer zweiten Heimat werden?

KRIEGLER: Ja, durchaus. Köln ist multikulinarisch und multikulturell. Ein bisschen hat es dem habe ich dort wohl kein großes Heimweh und die Kölner sind wirklich ein gemütliches Volk. Ich wurde sehr herzlich empfangen. Ich glaube, wir haben jetzt auch schon eine Wohnung gefunden, die ich jetzt schön einrichten möchte. Ich liebe es ja, Wohnungen zu gestalten und ich möchte es dem Peter natürlich möglichst gemütlich machen.

Wie oft planen Sie, in Köln zu sein?

KRIEGLER: Da ich ja zurzeit mit meinem Kabarett-Programm „Himmel, Arsch und Titten" toure, kann ich das noch nicht genau sagen. Im Sommer bin ich sicher öfter in Köln, auch damit sich der Peter gut einleben kann. Natürlich will ich auch zu den Spielen gehen. Ich liebe Fußball und die Stadionatmosphäre!

Sie gehen also nicht nur Ihrem Freund zuliebe zu Matches?

KRIEGLER: Überhaupt nicht! Ich bin sogar diejenige, die ihn dazu drängt, Spiele live im Stadion anzusehen. Während er findet, dass das vor dem Fernseher gemütlicher ist (lacht).

Können Sie die Abseitsregel erklären?

KRIEGLER: Natürlich! Abseits ist, wenn der Schiedsrichter pfeift! Spaß beiseite, meinen Freundinnen habe ich kürzlich die Abseitsregel erklärt – mit einer Prosecco-Flasche, zwei Gläsern und einem Korken (lacht).

„Abseits ist, wenn der Schiedsrichter pfeift…"

ULRIKE KRIEGLER scherzt über die Abseitsregel

Ulrike Kriegler im MADONNA-Talk in ihrem stylischen Sommerhäuschen an einem Ziegelteich im 23. Bezirk.

„Ich sehe zwar aus wie eine Tussi, aber ich bin vermutlich keine!"

ULRIKE KRIEGLER über ihr Image als blonde Fußballer-Freundin

PETER STÖGERS TRAUMFRAU ist Tänzerin, Moderatorin und Kabarettistin. Während ihr Freund den FC Köln auf Vordermann bringt, tourt sie mit ihrem Programm „Himmel, Arsch und Titten" durch Österreich. Termine und Tickets: www.himmelarschtitten.at

Starschnitt

Jürgen Sundermann

kicker
sportmagazin
DEUTSCHLANDS GRÖSSTE SPORTZEITUNG

Sundermann: In Stuttgart hält mich nichts mehr!

Wie gut, daß ich gefeuert wurde!

Er ist wieder voll da!

Kopfbälle sind streng verboten

Köln stärker als Bayern!

Jürgen Sundermann hat vor der Saison 1979/80 überraschend den VfB Stuttgart verlassen und gesagt, dass es vor allem an der Familie gelegen habe. Als Sundermann eines Morgens mal wieder in Eile war und den Frühstückstisch gerade hastig verlassen wollte, habe sein zwölfjähriger Sohn Marc gesagt: »Ach, weißt du, Papa, mit dir kann man nichts mehr reden!« Für den VfB-Trainer sind diese Worte ein Schock: »Ich wusste mit einem Mal, dass da etwas ganz, ganz Entscheidendes aus dem Gleichgewicht geraten sein musste.«
Er beschloss und verkündete seinen Rückzug in die Schweiz, um dort Trainer beim Grasshopper Club Zürich zu werden: »Warum habe ich denn geheiratet, wenn mir für meine Frau so gut wie keine Zeit bleibt? Warum habe ich denn Kinder, wenn ich kaum mitkriege, wie sie aufwachsen? Jetzt sind sie noch zehn und zwölf, bald werden sie erwachsen sein und aus dem Haus. Was habe ich dann von ihnen, was haben sie von mir gehabt? Nichts!«
Kurz vor Ende dieser Spielzeit kündigt Jürgen Sundermann schließlich genauso überraschend seine Rückkehr nach Stuttgart an. Er sei vom Schweizer Fußball enttäuscht, sagt er. Das nehmen ihm die Eidgenossen übel. Sie glauben, es ginge Sundermann und seiner Familie ohnehin nur um das »Schweizer Niederlassungsrecht«. Ein Schweizer Bürger: »Er soll nur nie wieder als Papierli-Schweizer in unser Land zurückkehren. Solche wankelmütigen Profiteure brauchen wir in der Schweiz nicht.«

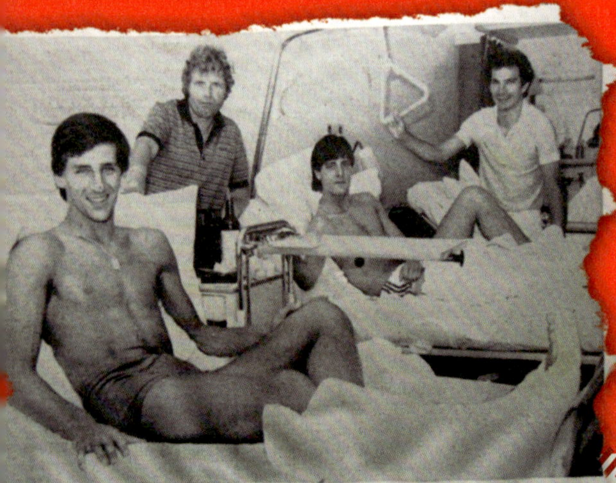

wer verletzt, doch beim Besuch von Trainer Sundermann und Kapitän Ohlicher wieder guter Dinge: Die VfB-Youngster Kohnle (links) und Löw.

In Stuttgart hatten unterdessen große Teile des Teams ihren neuen Trainer Lothar Buchmann rausgemobbt. VfB-Verteidiger Bernd Martin sagt: »Fast alle waren gegen Buchmann! Nicht nur der Hansi.« Das Kuriose: Zum Zeitpunkt dieser Aussage steht der Coach noch jeden Tag mit der Mannschaft auf dem Platz. Das Verhältnis von Buchmann zu Hansi Müller ist da allerdings schon lange zerrüttet. Der Star des VfB hat sich dazu hinreißen lassen, Buchmanns Lieblingsfloskel »infrage gestellt« auf dessen Trainingsanzug zu schreiben. Für den Übungsleiter ist schnell klar, wer der Übeltäter ist: »Die Schrift stammt von einem Linkshänder, die Buchstaben hängen nach links.« **Der bekannteste und populärste Linksfuß der Bundesliga ist zu dieser Zeit: Hansi Müller!**

Nicht alle Spieler freuen sich allerdings auf Sundermanns Rückkehr. Nur wenige Monate zuvor hatte Schorsch Volkert beim Abschied des Trainers noch getönt: »Länger hätte ich mir meinen Kopf von ihm ohnehin nicht mehr unters Wasser tauchen lassen.« Nun heißt es für ihn und ein paar andere Akteure wohl: wieder abducken und Sauerstoffflaschen raus. Oder man hofft, dass am Ende doch alles ganz entspannt wird, so wie sich Sundermann selbst seinen Alltag am liebsten auch wünscht: »Wenn der Trainer Erfolg hat, kann er die Spieler im Training auch zwei Stunden lang nur Kopfstände machen lassen.«

Lothar Buchmann am 25. August 1979 beim DFB-Pokalspiel in Wolfsburg (3:0 für den VfB)

Starschnitt

Thomas Stickroth

»Der schönste Fußballer, der je geboren worden ist, in Deutschland!«

(Uwe Fellensiek)

Stickinhos Mannschaftskollegen Dariusz Wosz und Peter Peschel

»**Publikumsliebling**, weil er immer was versucht hat, von hinten heraus nach vorne zu spielen. Mit seinen langen Haaren. Und dann wollten alle immer den Übersteiger sehen, war natürlich total überflüssig von ihm, das zu machen, aber er wollte die Fans immer begeistern.«

(Rein van Duijnhoven)

»In dreißig Sekunden hat er zwanzig Übersteiger gemacht und das haben die Fans geliebt, auch wenn es teilweise schon zu viel war. **Teilweise ging es uns auf den Keks**, weil Sticki das manchmal übertrieben hat. Er hatte den Ball kaum gekriegt, da haben die Zuschauer schon gerufen. Und das war dann diese Verleitung: **›Sticki, mach das mal.‹** Teilweise darf man das aber nicht hinten machen. Wenn das vorne gewesen wäre, klar, kann man das machen, aber wenn die Flanke noch rechtzeitig kommen muss und er macht noch zwei Übersteiger, und er ist fast im Aus, dann fragt man sich: **Flankt der jetzt oder macht er seine Übersteiger für die Fans da drüben?«**

(Dariusz Wosz)

T

Starschnitt ....
Jupp Tenhagen

»Als Jupp Tenhagen einmal einen furchtbaren **grippalen Infekt** hatte, da haben die ihn in Eiswasser getaucht, in der Badewanne, um den wenigstens fürs Spiel fit zu kriegen. Und der Jupp hat das mit sich machen lassen.«

(Journalist Heinz Formann)

„Kaiser“ Tenhagen

VfL Bochum — Bayern München 3:1 (2:0)

Bochum: Scholz (2) — Eggert (3), Tenhagen (1), Fromm (1), Lameck (2) — Köper (1), Eggeling (3), Trimhold (2), Kaczor (2) — Balte (3), Ellbracht (3). — Ausgewechselt: 62. Pochstein (—) für Ellbracht. — Trainer: Höher.

München: Maier (2) — Horsmann (2), Schwarzenbeck (3), Beckenbauer (2), Dürnberger (2) — Roth (3), Zobel (4), Kapellmann (3) — Wunder (4), Torstensson (4), Rummenigge (3). — Ausgewechselt: 39. Weiß (3) für Zobel.

Tore: 1:0 Trimhold (27.), 2:0 Tenhagen (30.), 3:0 Fromm (75.), 3:1 Kapellmann (80.).

SR: Horstmann (Großescherle). — **Zuschauer:** 28 000. — **Verwarnt:** Kapellmann.

»Tenhagen ist der erste Mensch, der die Ecken schießen und auch noch selbst reinköpfen muss.«

(Trainer Heinz Höher)

»Der hätte zwei Spiele machen können – unter härtesten Bedingungen!«

(Hans Werner Olm über Jupp Tenhagen)

»**Laufwunder**. Andererseits konnte er aber auch keinen Stuhl umspielen!«

(Jupp Kaczor über Jupp Tenhagen)

Anfang der 1980er Jahre greift Borussia Dortmund den strauchelnden Revierklubs FC Schalke 04 und VfL Bochum finanziell in höchster Not unter die Arme. 1,1 Mio. überweist der BVB zur Saison 1980/81 für Rüdiger Abramczik an den S04 und rettet den Schalkern so die Lizenz. Nur ein Jahr später wechselt Jupp Tenhagen unter Tränen vom VfL nach Dortmund. Der ehemalige VfL-Präsident Ottokar Wüst erinnert sich: »Und dann hat der Reinhard Rauball gesagt: **›Schick uns den Tenhagen und wir schicken euch eine Million Mark.‹** Andernfalls hätte es uns am nächsten Tag nicht mehr gegeben.«

Jupp Tenhagen mit Frau Ingeborg sowie den Kindern Diane und Tanja

Unter Tränen verabschiedet sich Jupp Tenhagen von der Mannschaft. Er muss zum Reviernachbarn wechseln. Tenhagen erinnert sich: **»Ich wollte nicht weg aus Bochum. Aber ich musste auch an meine Kollegen denken. Mit meinem Wechsel habe ich die Arbeitsplätze meiner Mannschaftskameraden gesichert!«** Tenhagen verkraftet die Trennung von seinen Kollegen und seinem Verein lange Zeit nicht und zeigt in Dortmund eigentlich nie die Leistung, die ihn in Bochum zum Nationalspieler gemacht hatte. 1984 kehrt Tenhagen glücklich zu seiner alten Liebe, dem VfL Bochum, zurück.

Starschnitt Olaf Thon

»Wir spielen hinten Mann gegen Mann, und ich spiel gegen den Mann.«

»Um den UEFA-Cup 1997 zu erringen, sind fünf Spieler von uns Sportinvaliden geworden. Alle haben damals **bis zum letzten Knorpel** gekämpft.«

»Als Libero kann man meckern, ruhig sein und dirigieren. Ich bin also so eine Art Karajan.«

»Wir haben unheimlich viel Tempo gespielt. Ich glaube, sogar der Schiedsrichter hat sich eine Zerrung geholt.«

»In erster Linie stehe ich voll hinter dem Trainer, in zweiter Linie hat er recht.«

Man nennt ihn nicht umsonst »Professor«. Am 13. Spieltag führt der FC Schalke 04 kurz vor Schluss gegen einen drängenden FC St. Pauli mit 2:0, als Olaf Thon zur verbalen Höchstform aufläuft. Am Seitenrand schreit sein Trainer Jörg Berger permanent irgendwelche Dinge aufs Spielfeld, was Schiedsrichter Winfried Buchhart überhaupt nicht passt. Um den Coach zur Räson zu rufen, bittet er den königsblauen Kapitän zu sich. Eine Aufgabe, der Thon gerne nachkommt, denn so weiß er endlich, wofür »diese Binde überhaupt gut ist«. Zwei Minuten unterhält er sich angeregt mit dem Schiedsrichter, bis er schließlich langsam zu seinem Trainer trabt und diesen freundlich bittet, etwas ruhiger zu agieren. Als Thon hinterher gefragt wird, was er denn die ganze Zeit mit Schiri Buchhart besprochen habe, erzählt der Mannschaftsführer des S04, dass er dem Schiedsrichter nur gesagt habe, er solle den Trainer ruhig auf die Tribüne schicken, denn dann müsse er eine Strafe in die Teamkasse zahlen. Das habe Buchhart zwar gefallen, doch habe er der Bitte leider nicht nachkommen können. Als Thon bemerkt, dass seine Dönekes vom Spielfeld den Journalisten gut gefallen, lächelt er und sagt:

»Na ja, eigentlich habe ich nur gedacht, dass ein netter Plausch eine gute Gelegenheit wäre, mal tüchtig durchzuschnaufen. Wir waren nämlich schon ziemlich platt!«

Starschnitt ………………… Klaus Toppmöller

Radiokommentator **Günther Pohl** erinnert sich an **die gemeinsame Nacht** mit VfL-Trainer **Klaus Toppmöller** nach dem berauschenden Einzug in die nächste UEFA-Cup-Runde im Heimspiel gegen Trabzonspor (5:3):

»Da ist dann eben ein Toppmöller, der ja auch in Rivenich eine Kneipe hat, Mensch. Der lässt dann auch mal fünfe gerade sein und so ging es dann anschließend direkt vom Stadion aus ins Sam's. Ja, und dann wurde es morgens hell, alle hatten Hunger, da sag ich: Bei mir macht morgens um sechs der Metzger auf. Und da wurde dann gefrühstückt, mit Rühreiern, Frikadellen und Brötchen. Alle in der Küche mit 'ner richtigen Metzgersfrau, die das alles gemacht hat. Und dann kamen die Müllmänner, die jeden Morgen da frühstücken und die zum Teil auch im Stadion waren. Plötzlich sagt der Trainer beim Blick auf die Uhr: ›Ja, Mensch, wir müssen 'nen Taxi haben – zum Stadion.‹ Da haben die Müllmänner gesagt: Quatsch. Und so standen kurz danach hinten auf dem Müllwagen Co-Trainer und Trainer. Zumdick, Heinemann standen hinten auf dem Brett und sind zum Stadion gebracht worden.«

»Sonst müsste ich ja nach **zwei Bieren** immer gehen.«

(Klaus Toppmöllers Begründung, warum er auch als bekannter Profifußballer kein Vorbild sein möchte)

»Aus der **Ferne** betrachtet, ist es alles nur eine Frage der **Distanz**.«

»Ich habe viel in Bochum gearbeitet. Da konnte ich mir **nur einen Anzug** leisten.«

(Auf die Frage, warum er seit elf Spielen immer den gleichen Anzug trägt)

»Andere Leute haben rote und weiße **Blutkörperchen**, ich habe lauter kleine Fußbällchen im Blut.«

»Durch unsere Reihen konnte man locker mit einem Lkw fahren und bequem drehen.«

(Über das Abwehrverhalten seiner Mannschaft)

»Ich wäre als aktiver Spieler sogar mit einem **Holzbein** aufgelaufen.«

(Zur Motivation von Fußballern)

Starschnitt
Giovanni Trapattoni

»Ich glaube, Trainer sind wie Fisch. Wenn sie frisch sind, sind sie gut, aber nach einer Weile fangen sie an zu stinken.«

»Wer Mozart hört, kann auch besser Fußball spielen. Man lernt viel über Spannungen, Tempo, Rhythmus, den Aufbau und die Strukturen. Man lernt die Logik, ein Spiel zu lesen.«

»Der Ball ist nicht immer rund – manchmal befindet sich in ihm ein Hase.«

»Ich glaube, ich habe heute zwei Spiele gesehen. Eines in der ersten Hälfte, das andere in der zweiten.«

»Es gibt nur einen Ball. Wenn der Gegner ihn hat, muss man sich fragen: **Warum!? Ja, warum? Und was muss man tun? Ihn sich wiederholen!**«

»Fußball ist Ding, Dang, Dong. Es gibt nicht nur Ding.«

»Ein Trainer ist nicht ein Idiot.«

»Ich habe fertig.«

V.

Starschnitt

Mark van Bommel

»Garantien kriegt man nur auf Waschmaschinen.«

(Auf die Frage, wie sicher er sei, dass Bayern in der Champions League weiterkommt)

»Dann dürfte ich den ja gar nicht aufstellen, denn der ist ja immer gefährdet.«

(Ottmar Hitzfeld auf die Frage, ob man van Bommel – rotgefährdet – nicht hätte auswechseln müssen)

»Da muss man sich ja schon fast Sorgen machen, wenn ich immer noch schneller bin als Mark van Bommel.«

(Karl-Heinz Rummenigge entkam durch einen Sprint der üblichen Meister-Bierdusche)

»So schlimm wie du war ich nie, Mark! **Schließlich habe ich ja auch mal den Ball gespielt.«**

(Stefan Effenberg)

Starschnitt
Rafael van der Vaart

Auch abseits des Platzes machte der Neu-HSV-Profi Rafael van der Vaart sofort eine gute Figur. Zusammen mit seiner attraktiven Ehefrau Sylvie kam Glamour in die Hansestadt. Die Hamburger feierten ihre Niederländer abwechselnd als **»Hollands besten Importschlager«**, die **»Holland-Beckhams«** oder auch die **»Nachwuchs-Becks«**. In bunten Geschichten wurde berichtet, dass die Trauung des Fußballstars mit der ehemaligen MTV-Moderatorin, die immerhin fünf Jahre älter als ihr Mann ist, über 1,4 Mio. Niederländer live im TV verfolgt haben. Die Senderechte hatten die van der Vaarts exklusiv verkauft und 380 Gäste zur ihrer Hochzeit eingeladen. Es gab nur ein Problem: Sylvie interessiert sich nicht so für Fußball. Oder wie ihr Mann Rafael gegenüber Journalisten sagte, als sie seiner Frau auch Fragen zu seinem Beruf stellen wollen:

6. Oktober 2012, Wetten, dass..?: Rafael und Sylvie van der Vaart müssen nach verlorener Wette mit dem Fahrrad einen Wohnwagen ziehen.

»Sie können ihr viele Fragen stellen – erwarten Sie bloß keine Antworten.«

Starschnitt
Louis van Gaal

»Es geschieht nicht häufig, dass jemand, der noch lebt, eine Autobiografie schreibt.«

Sylvie van der Vaart, Truus und Ehegatte Louis van Gaal vor der Präsentation der Autobiografie

»Okay, zuerst. Ich habe gesehen, viele Frauen sind hier. So, auch, viele Mutti. Ein dicke Kuss von den Trainer von der Meister. Und, wer hat die beste Verteidigung? FC Bayern. FC Bayern. Wer hat die beste Angriff? FC Bayern. Und deswegen sind wir Meister. Und nicht nur von München, nicht nur von München, auch von Gel-sen-kir-chen, auch von Bremen und auch in Hamburg. Wir sind die Beste von Deutschland! Und, vielleicht, Europas, jaaaaaa!«

(Legendäre Bayern-Meisterrede 2010 an einem Muttertag auf dem Rathausbalkon in München)

»Ich habe einen Körper wie ein Gott. Die Lederhose passt mir und ich habe auch einen Bauch.«

(Über den geplanten Oktoberfest-Besuch)

»Ich bin ein Feierbiest!«

»Van Gaal erinnert mich an mich!«

(Uli Hoeneß)

»Ich bin wie Gott, ich werde nie krank, und ich habe immer recht.«

Er fragt: **»Haben wir Salz?«** Dann sage ich: **»Ja, natürlich haben wir Salz.«** Er fragt mich dann: **»Wo haben wir das Salz?«** Dann sage ich: **»In der Tiefgarage …«** Natürlich haben wir es dort nicht. Das ist in der Küche. Aber er weiß es halt nicht.

(seine Ehefrau Truus über den Meistertrainer)

»Es hat bei uns keinen Sinn, dem Trainer reinzureden – **dann macht er genau das Gegenteil.**«

(Bayern-Präsident Uli Hoeneß über seinen Trainer)

»Wenn er Postbote wäre, würde er meinen Hund beißen oder gleich aufessen.«

(Mehmet Scholl über Louis van Gaal)

»Ruht euch jetzt aus. Geht nicht shoppen. Keine Party. Einfach Ruhe. Und wenn euch langweilig ist, **spielt ein bisschen mit eurer Frau.**«

Starschnitt
Berti Vogts

Rudi und ein Fußballstar – erkennen Sie ihn? Es ist Berti Vogts, der sich in einer Carrell-Sendung in eine mondäne Frau verwandeln ließ. Was Masken ausmachen!

»Wenn mich der Konopka zu sehr geärgert hat, ist der Berti über die Mittellinie gekommen und **hat mich gerächt**. Das war zwar gegen meine pazifistische Grundeinstellung, aber tief drinnen habe ich eine leichte Genugtuung gespürt.«

(Ewald Lienen über die früheren Derbys zwischen Gladbach und Köln)

»Ich halte Vogts für einen Pflichtklopper. Wenn der nur ein Bein hätte, würde er weiterlaufen.«

(TV-Moderator Erich Böhme)

»Der glaubt, durch sein Geschrei zur Persönlichkeit zu werden.«

(Bernd Cullmann bei der WM 1978 in Argentinien)

»Ich bin mir sicher, unserer Mannschaft wird nichts passieren.«

(Als Mannschaftskapitän bei der WM in Argentinien zur Folterpraxis des dortigen Militärregimes)

Ein bißchen Clownerie um den neuen Nationalmannschafts-

»Wenn ich so Fußball gespielt hätte wie Berti Vogts, so als reiner **Wadenbeißer**, dann hätte ich mit 18 Jahren meine Fußballschuhe verbrannt.«

(Klaus Toppmöller)

kicker sportmagazin
DEUTSCHLANDS GRÖSSTE SPORTZEITUNG
Europapokal: Gladbach in der Höhle des Löwen
Wir brechen den Bann von Kiew
Spannung im Halbfinale des DFB-Pokals:
Die Chance der Enttäuschten
Das Vorstopper-Problem unserer Nationalelf:
Schwarzenbeck noch nicht weg
Der Nürburgring auf dem Abstellgleis:
Daumenschrauben der Renn-Stars

»Wenn jeder Spieler zehn Prozent von seinem Ego an das Team abgibt, haben wir einen Spieler mehr auf dem Feld.«

»Hass gehört nicht ins Stadion. Die Leute sollen ihre Emotionen zu Hause in den Wohnzimmern mit ihren Frauen ausleben.«

Vor sieben Jahren stand er hinter dem Schraubstock, jetzt sitzt er hinter seiner Filmkamera. Keine Fußball-Reise macht Berti Vogts ohne die Filmkamera. Sogar vom Flugzeug aus dreht er seine Filme.

»Ich glaube, dass der Tabellenerste jederzeit den Spitzenreiter schlagen kann.«

Starschnitt
Berti Vogts

»Das Spielfeld war zu lang für Doppelpässe.«

»Ein Spieler wie Michael Ballack sollte sich mal selbstkritisch selber hinterfragen.«

»Du musst positiv denken. Und der positivste Gedanke: **Dem nehme ich jetzt den Ball weg!«**

(Zu Thomas Berthold)

»Geht doch zum Schiedsrichter und lasst euch von dem ein Autogramm geben. Der hat mehr Grund zum Jubel!«

(1971 zu Autogrammsammlern nach einer Partie, bei der er mit der Leistung von Schiedsrichter Karl Riegg nicht zufrieden war)

»Bei Umfragen schneide ich besser ab als der Kanzler.«

»Ich fresse seit Monaten so vieles in mich hinein, aber ich werde immer dünner**.«**

»Meine Kritiker mögen ja alle recht haben; ich glaube trotzdem, dass ich **etwas rechter** habe.«

»Die rechte Außenbahn: die **Problemzone** von Berti Vogts.« *(Bela Rethy)*

»Mama, sag Papa nicht, wie sehr ich mich auf Paris gefreut habe.«

(Justin Vogts, WM 1998)

»Wenn der Berti **Direktricen** ausgibt, da müssen sich alle dran halten!«

(Heinz Kwiatkowski über Berti Vogts Trainingsmethoden)

»Wenn ich einmal ein Buch schreibe, dann schreibt das meine Frau.«

»Er hat für die UEFA vor 50 europäischen Trainern die EM analysiert. Das machst du nicht, bloß weil du früher ein paar Gegner abgegrätscht hast.« *(Reiner Calmund)*

»Er ist die Korrektheit in Person. Ich glaube, der bügelt sogar jeden Morgen seine Sorgenfalten glatt.«

(Bernd Schuster)

Starschnitt Rudi Völler

»Ohne Völler sind wir ein Orchester ohne den Ersten Geiger. So kann man nur gute, aber keine geniale Musik spielen.«

(Otto Rehhagel)

Rudi Völlers Mutter Ilse: »Wie der Vater und er auf dem Boden gesessen haben und den Netzer zusammengeklebt haben. Für den hat er nämlich früher geschwärmt – und also musste er auch in Lebensgröße in seinem Zimmer hängen. Eine Kultfigur als Vorbild, an die der Rudolf nie etwas kommen ließ. Mein Bruder, also Rudolfs Onkel, konnte den Netzer wegen seiner langen Haare nie leiden. Darum hat er immer gesagt: ›Häng den Kerl da runter …‹ Und der Rudolf hat zurückgebrüllt: ›Nein, der bleibt hängen, wo er ist.‹ Er konnte schon stur sein. Wenn es früher Eintopf gab, wollte er den nie essen. Da habe ich ihm mal erzählt, dass das der Eintopf vom Beckenbauer aus der Werbung ist. Und plötzlich wurde der ›Beckenbauer-Eintopf‹ zu seinem Leibgericht.«

1983: Rudi Völler mit seinem Dackel

»Fußballprofi sein ist doch wie Kino: Guckst einen Film an, schön mit Popcorn und Cola – aber irgendwann ist der Film zu Ende, und du musst raus in die Wirklichkeit.«

»**Als Stürmer darf man** keine Nerven zeigen. **Aber** keine Nerven **zu haben, das** kostet **ganz schön** Nerven.«

»**Mich hat noch niemand ohne Ball zum Laufen gebracht.**«

»Ich kann ihm Brücken bauen. Aber **die Angst vorm anderen Ufer**, vorm gegnerischen Sturm also – die muss er allein abbauen.«

(Hermann Nuber)

»Wenn von hinten nichts kommt, sind wir die einsamsten Leute auf dem Platz.«

»**Was meine Frisur betrifft, da bin ich REALIST.**«

Zwei in einem Boot: Rudi Völler und Wolfgang Sidka

Starschnitt
Armin Veh

»Fußball könnte so schön sein, wenn nicht dauernd was Blödes passieren würde.«

»Außerdem wäre es mir lieber, wenn ich jetzt nicht so viele Fragen beantworten müsste, weil ich so nach Bier stinke. ***Ich kann mich selbst nicht mehr riechen.***«

(Bei der Pressekonferenz nach der Übergabe der Meisterschale)

»Der VfB ist jetzt auch ein echter VehFB, mit einer Mannschaft voller Held(t)en.«

(Norbert Haug, Mercedes-Motorsportchef)

»Es ist niemand gestorben. Es ist immer noch nur Fußball.«

(Als er den Meistererfolg in der Saison danach nicht konservieren konnte)

»Wenn man kein Tor erzielt, kann man nicht unentschieden spielen, wenn der Gegner eins macht, und schon gar nicht gewinnen.«

Plakat der VfB-Fans im Mai 2007

W.

Starschnitt

Hans Walitza

In Bochum haben sie mit Hannes Walitza einen echten Torjäger, der sogar das Interesse des FC Barcelona geweckt hat. Viele seiner Fans sind weiblich. In der Stadt wird er nur der »schöne Hans« gerufen. Und im Stadion singt man: **»Hannes, hol den Hammer raus!«** So wie am 18. Spieltag der Saison 1972/73 beim 1:1 gegen Braunschweig, als Walitza von der Mittellinie steil geht, diagonal zum Ex-Nationalspieler Eia Krämer passt, der einen langen Spurt hinlegt und zielgenau zurück auf Walitza flankt, der wie der Blitz im Braunschweiger Strafraum herumwirbelt und mit einem bombenähnlichen Schuss abschließt. Das Publikum ist aus dem Häuschen, und der »schöne Hans« streicht eine Strähne seiner langen braunen Haare lächelnd aus dem Gesicht – zur Verzückung all seiner weiblichen Anhänger.

»Ich kann mich an einen Artikel im ›kicker‹ erinnern: ›Schärfer als Gerd und Uwe‹. Da habe ich gedacht, war der betrunken, der das geschrieben hat? Das geht gar nicht. Die beiden waren die Mittelstürmer, die Deutschland hatte – Klaus Fischer. Da kommt dann lange nichts und dann irgendwann mal ich, an zehnter Stelle. Ja, oder an siebter!«

»Der bleibt im Stall!«

(Ottokar Wüst, Präsident des VfL Bochum, als Walitza 1973 gerne wechseln wollte)

● Münchens Bomber Müller fordert ihn
● Münchens Manager Schwan beobachtet ihn

Walitza wieder im Bayern-Visier

Von OTTO STUBBE und HERBERT JUNG

Bochum/München, 5. 11.

Für Bayern ist es die Generalprobe für das Europacup-...

...ben unsere Standpunkte weitgehend angenähert. Aber unser Präsident Ottokar Wüst entläßt mich nicht vorzeitig aus dem Vertrag. Eher verkauft er sein eigenes Haus.

...mal für die Münchner nun einmal das Spiel in Dresden wichtiger ist."

Bayern-Star Franz Beckenbauer sieht die Situation dann auch realistisch: „Die Bochumer haben keine Ver-...

Hermann Eppenhoff

Hans Walitza erinnert sich:
»Heinz Höher war mit dem Hansi Grieger auf dem Zimmer zusammen in Offenbach. Aufstiegsrunde, erstes Jahr. Und der Hansi hatte so eine unglaublich trockene Haut, der hat sich immer gekratzt nachts. Da konnte der Heinz nicht schlafen. Und irgendwann hat der Heinz mal gesagt: ›Jetzt ist Schluss, jetzt lass ich dich vor der Türe stehen.‹ Abgeschlossen! Und der Hansi hatte so ein rollendes R. Jetzt kam er nicht rein: ›Höherrr, mach auf!‹ Höher: ›Hansi, die Tür ist auf. Mach auf!‹ ›Höherrrr, mach auf!‹ Da hat der die Tür nicht aufgemacht. Bis Trainer Hermann Eppenhoff dann kam, da musste er die Tür aufmachen. Er wollte ihn nicht reinlassen. Nachts im Schlaf …! Höher hat uns dann mal reingeholt ins Zimmer, hat der Hansi nix gemerkt. Da hat der sich den Arm gekratzt. Unglaublich!«

Heinz Höher

Heinz Höher (11. 8. 1938), ein Trainer, der auch als Spieler einen guten Namen hatte und beim VfL Bochum seit 1972 uneingeschränktes Vertrauen genießt.

»Ärztliche Versorgung früher?
Wenn ich dem Masseur mein kaputtes rechtes Bein gezeigt habe, dann hat der links angefangen zu massieren!«

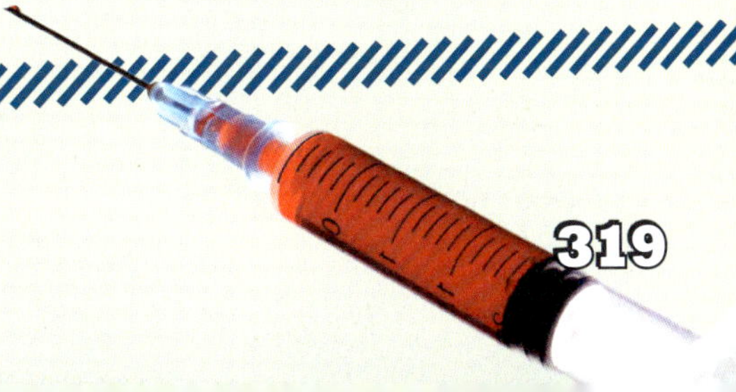

Starschnitt
Fritz Walter

Jörg Wontorra zu Jürgen Klinsmann: »Man sagt: Bevor Fritz Walter den Ball zu Ihnen spielt, lässt er lieber die Luft raus. Stimmt das?«

»Ha, auch Walter!«

(Auf die Frage, wie denn seine Frau heiße)

»Der Jürgen Klinsmann und ich, wir sind ein gutes Trio. (kurze Pause) **Ich meinte: ein Quartett.«**

»Die Sanitäter haben mir sofort eine Invasion gelegt.«

Das schönste Leserfoto

Als „Platz-Herren“ betätigen sich hier die Stuttgarter Bundesliga-Stars Fritz Walter (l.) und Maurizio Gaudino. Sie helfen bei der Rasenpflege. Alexander Roth aus Stuttgart hat das Foto mit dem Traktorfahrer Gaudino geschossen und kassiert nun ein Honorar von 100 Mark

»Wo isch mei Kanohn?«

(Vor der Ehrung als Torschützenkönig)

»Ich bin zuvorkommend, ja. Ich will im Strafraum allen zuvorkommen.«

»ICH LEBE IN EINEM STÄNDIGEN SCHWEBENDEN VERFAHREN – ZWISCHEN LOB UND TADEL.«

»Wenn sich der Ball ins Netz senkt, ist das für mich ein Wahnsinnsgefühl. Das sind Momente, da glaube ich, die Welt ist gut und schön.«

Der VfB Stuttgart ist Deutscher Meister 1991/92, der damalige Präsident Gerhard Mayer-Vorfelder setzt Fritz Walter die Meisterschale auf den Kopf.

Starschnitt

Jürgen »Kobra« Wegmann

»Ich werde ein Buch schreiben. Ich weiß noch nicht, was drin steht, aber es wird 19,90 Mark kosten.«

1983/84 wechselt Wegmann in der Winterpause **von Essen nach Dortmund** und bringt sich verbal gleich in Stellung: **»Die Tore sind auch in der Bundesliga nicht kleiner!«** Und ein festes Ziel hat er auch: **»Wenn ich die Schnapszahl von 666 Toren erreicht habe, gebe ich einen aus!«** Manche warten noch heute auf die Runde der »Kobra«.

»Zuerst hatten wir kein Glück, und dann kam auch noch Pech dazu.«

»Ich habe immer gesagt, dass ich niemals nach Österreich wechseln würde.«

*(Auf die Frage, **ob er zum FC Basel wechselt**)*

»Du musst nur wollen. Du musst fest dran glauben, dass die Kugel reinfährt. Dann fährt sie auch rein.«

»Ich bin giftiger als die giftigste Schlange.«

In der Relegation der Saison 1985/86 kommt es zu einem packenden Finale zwischen Fortuna Köln und Borussia Dortmund. Bis in die Nachspielzeit der zweiten Partie ist die Fortuna aufgestiegen. Doch dann **schlägt in allerletzter Sekunde die »Kobra« zu**. Jürgen Wegmann nach der Begegnung ganz locker:

»Wenn ich im Sturmzentrum spiele, mache ich immer meine Kirschen. Das war immer so und wird auch immer so bleiben.«

Auf die Frage, ob er sich einen Wagen mit oder ohne Katalysator gekauft habe, antwortet die Kobra ohne Umschweife:

»Nee, Renault!«

»Das muss man verstehen, dass er Schwierigkeiten hat sich einzugewöhnen. **Er ist die deutsche Sprache noch nicht mächtig.**«

Starschnitt Hennes Weisweiler

»**Dat war Fußball**.‹ Wenn er diesen Satz aussprach, dann war das wie eine Goldmedaille bei Olympia. Ich habe ihn nicht oft gehört«, sagt **Jupp Heynckes** und lächelt. Und wie der auszusehen hat, umschreibt **Hennes Weisweiler** so: »Tore, Tore, Tore. Ihr dürft vier Gegentore kassieren, aber ihr müsst 5:4 gewinnen. 1:0 will ich nicht.« Denn: »Der Sinn des Fußballspiels ist es, mehr Tore als der Gegner zu erzielen – und nicht, weniger Tore als der Gegner zu kassieren.«

»Freund, wenn du jetzt nicht spurst, dann bist du in zehn Minuten draußen!«, sagte Trainer Hennes Weisweiler zu Bernd Rupp. Und Rupp weiß, was die Stunde geschlagen hat. Den Halbzeitstand von 2:0 für Werder münzt die Mannschaft noch in einen 3:2-Auswärtssieg um. Rupp selbst erzielt dabei den 2:2-Ausgleich.

Zu **Günter Netzer** pflegt Hennes Weisweiler eine Hassliebe, wie Wolfgang Kleff erzählt: »Wenn der Günter mal wieder seine Zerrung hatte, gab es verschiedene Versionen Weisweilers. ›Weißte was, fahr zwei Wochen nach Gran Canaria‹, hieß es, wenn Hennes den erneuten Versuch machte, ohne ihn auszukommen. Kaum dass der Günter weg war, da hat der Weisweiler uns heiß gemacht, als ginge es um alles. Wenn er aber den Netzer nötig hatte, hat er alles versucht, um den wieder gesundzusprechen.« Weisweilers Lieblingsspieler **Berti Vogts** muss häufig zwischen ihm und Günter Netzer vermitteln. Das läuft dann ungefähr folgendermaßen ab. Weisweiler: **»Sagen Sie dem Langen, er spielt nicht!«** Wenige Minuten später kommt Vogts von Netzer zurück und übermittelt dem Trainer: **»Sag dem Alten, er kann mich mal!«**

Irgendwann im Jahr 1972 geht es dann mit den beiden nicht mehr weiter, wie Netzer sagt: »Weisweiler ist der beste Trainer, den man sich wünschen kann. Aber wir kommen immer wieder an den Punkt, wo ein Arrangement nicht mehr möglich ist.« Da helfen auch keine Versöhnungsbierchen mehr. Denn im Trainingslager im Parkhotel Süchteln erlaubt Weisweiler seinen Spielern vor dem Zubettgehen immer noch ein Glas Bier. Weisweiler bestellt stets ein Alt. Ein besonderes. Denn während die Gläser der Spieler 0,2 l fassen, gehen in das Glas des Trainers 0,3 l hinein. Bis heute kann man im Parkhotel ein **»Trainer-Alt«** bestellen!

Starschnitt
Hennes Weisweiler

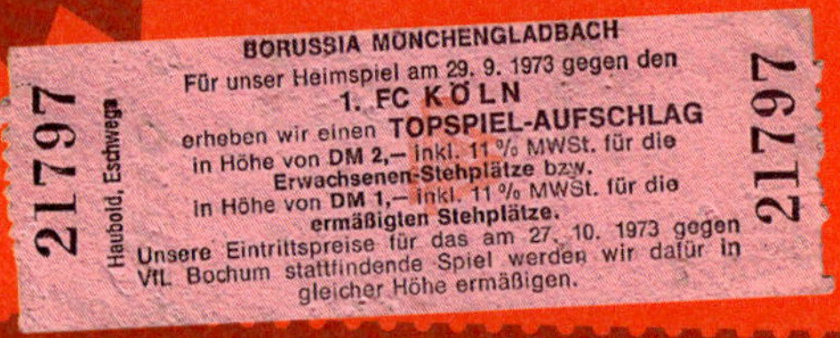

21797

Hauhold, Eschwege

BORUSSIA MÖNCHENGLADBACH

Für unser Heimspiel am 29. 9. 1973 gegen den

1. FC KÖLN

erheben wir einen TOPSPIEL-AUFSCHLAG

in Höhe von DM 2,– inkl. 11 % MWSt. für die

Erwachsenen-Stehplätze bzw.

in Höhe von DM 1,– inkl. 11 % MWSt. für die

ermäßigten Stehplätze.

Unsere Eintrittspreise für das am 27. 10. 1973 gegen VfL Bochum stattfindende Spiel werden wir dafür in gleicher Höhe ermäßigen.

21797

»Gibt sich einer zu bunt, wird er gar zu früh grau.«

»Eine Mannschaft braucht drei Jahre, um zu wachsen, spielt drei Jahre stark und zerfällt in den folgenden zwei Jahren.«

»Das Leben ist ja manchmal komisch. Ich habe schon **Bekannte** auf der Straße nicht gegrüßt, weil ich sie nicht erkannte; dafür grüßte ich **Unbekannte**, von denen ich annahm, ich müsse sie kennen. Ich hoffe nur, die Leute **tauschen sich untereinander mal aus**.«

»Ein vollkommenes Fragment – das ist das Größte, was ein Trainer aus einer Mannschaft machen kann.«

»Zeige mir einen **zufriedenen Zweiten**, und ich zeige dir den **ewigen Verlierer**.«

»Manchem Journalisten möchte man mitunter zwar für **seine Erscheinung**, nicht aber unbedingt für **sein Erscheinen** danken.«

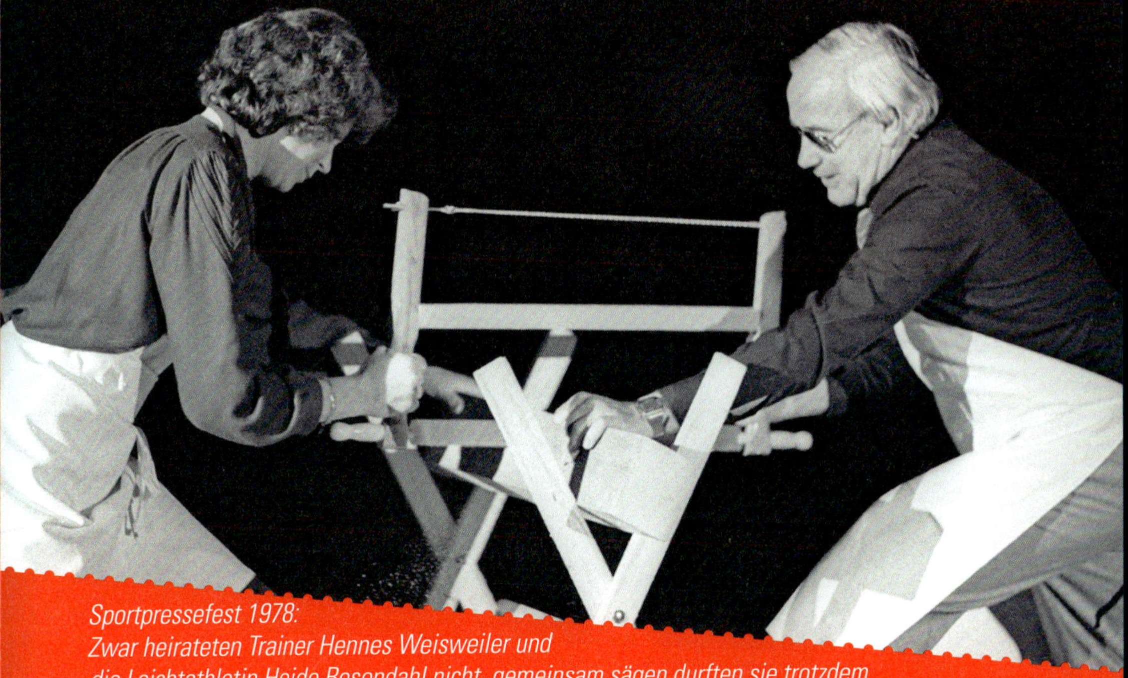

Sportpressefest 1978:
Zwar heirateten Trainer Hennes Weisweiler und die Leichtathletin Heide Rosendahl nicht, gemeinsam sägen durften sie trotzdem.

»Wir dürfen es im Fußball nicht so weit kommen lassen, dass die **Praktiker aussterben**. Mit einer Eins in Mathematik und einer weiteren Eins in Chemie, aber **mit einer Fünf in Sport kann niemand Sportler ausbilden**.«

»Rückgrat haben ist eine Gesamtheit. Einzelne Wirbel nützen gar nichts.«

»Ein plötzlicher Umschlag des Wetters bedingt oft einen Wechsel in den taktischen Plänen.«

»Der beherrscht zwar bestimmt die deutsche Sprache, aber ich bin der **bessere Taktiker**. Auch wenn ich Training mit ›e‹ schreibe.«
(Gyula Lorant)

Legendärer Auftritt des Robert Wieschemann: »Die notwendige Delikatess wahren!«

»Ich bin ja einverstanden, wenn Sie Ihren Spaß haben«, sagte am Mittag des 18. August 2002 der sichtlich irritierte Aufsichtsratsvorsitzende des 1. FC Kaiserslautern, Robert Wieschemann, beim »DSF-Doppelpass«. Und gelacht wurde viel an diesem denkwürdigen Tag, als der Lauterer Rechtsanwalt mit manch unfreiwillig komischer Äußerung gleichermaßen für Verwirrung wie für Erheiterung sorgte.

Der FCK-Chef plaudert in einer seltsamen Mischung aus Nervosität und Offensivdrang **Vereinsgeheimnisse** aus, als handele es sich hierbei um die »Bild«-Schlagzeilen der letzten Woche. Vorstand Atze Friederich wolle sowieso zurücktreten – wovon dieser allerdings nichts gewusst haben will – und deshalb werde man seinen Rauswurf, so Wieschemann, ganz »honorig« lösen. Fragen nach einem Nachfolger wehrte der Aufsichtsrat auf sonderbare Weise ab: »Man muss hier die notwendige Delikatess wahren. Und bitte, ich kann es nicht ändern. Wenn Sie wollen, dass ich den Namen preisgebe, so ist das Ihr gutes Recht, aber es ist nicht Ihre …« (Der Satz endete mitten im Nichts.)

Robert Wieschemann und Jürgen Friedrich auf der Jahreshauptversammlung 2000

Legendär auch folgende Ausschnitte des Gesprächs: »Wir brauchen **Klose** überhaupt nicht zu vergeben. Also, der ist bei uns in sicheren Tüchern«, und: »Die Sprachlosigkeit von Andi Brehme ist eine Gesundung, nee, Entschuldigung, ist eine Fehlerhaftigkeit im Sein.« Als Wieschemann schließlich zugab: »Wir haben eine anormale Satzung«, konterte Karl-Heinz Feldkamp: »Von dir ausgearbeitet«, und Wieschemann bestätigte treuherzig: »Ja, von mir ausgearbeitet!«

Höhepunkt des Tages war allerdings folgender Gesprächspart:

Wieschemann: »Wir haben zweifellos Schwierigkeiten mit der Umsetzung dessen, was geplant ist. Und wir haben eine … Wie soll ich sagen? Wir haben eine …« Brückner: »Frei raus!« Wieschemann: »Ja. Wir haben ein Defizit an …« Karl-Heinz Feldkamp: »Mitarbeit?« Thomas Herrmann: »Kommunikation?« Wieschemann: »Kommunikation. Ja! Wir haben … ich wiederhole jetzt meinen Satz von vorhin: Wir haben ein Defizit an Durchblick und … ja … an Durchblick!« Brückner: »Wer hat den? Sie als Aufsichtsrat?« Wieschemann: »Nein, wir haben ein Defizit an Durchblick – alle! Und wir sind total be …« Brückner: »… beschränkt in der Überlegung, was Fußball angeht. Oder was wollen Sie sagen?« Wieschemann: »Ja!«

Starschnitt Lothar Woelk

»An ein Ding mit dem Bochumer Lothar Woelk erinnere ich mich ganz gut. Wir haben uns beharkt, ich kriegte schön auf die Socken und nahm mir vor, ihm den Ellbogen richtig in den Magen zu rammen, dass er sich krümmte und ich erst mal Ruhe hatte. Lothar kommt, ich haue zu, volle Lotte. Und der Kerl bleibt stehen, atmet nicht einmal durch! **Da habe ich Muffe bekommen.**«

(Dieter Schatzschneider)

Woelks neue Branche: Damen-Unterwäsche

● Bochums Kapitän **Lothar Woelk** (34) gilt bei seinen Kollegen in der B
als eisenharter Mann. Dreimal in seiner Karriere war er der Spitzenrei
Gelben-Karten-Liste. Nun hat sich Woelk einer seidenweichen Sache
ben: In Recklinghausen eröffnete er ein Geschäft für Damen-Unterwäs
reine Seide aus Hongkong. Natürlich muß sich der Fußballer gelegentlich
Modehaus sehen lassen, „aber die Beratung macht meine Frau“, hat er sei
senden Mannschaftskameraden versichert.

»Die Fans wollen gute Spiele und Siege sehen, aber wenn du alles gibst und in der letzten Minute unglücklich verlierst, dann verzeihen sie dir das auch. Denn Fußball ist ja keine Verarsche, sondern **Wahrheit**.«

Abwehrrecke Lothar Woelk hält nichts von Doping-Tests. Seine einfache Begründung: **»In der Bundesliga gibt's keine Ben Johnsons.«**

»Vielleicht hat der schon zu viele **Bälle** vor den Kopf bekommen!«

(Lothar Woelks Antwort auf die Frontalattacke von Bayernstar Dieter Hoeneß: »Der Woelk ist einer der größten Treter der Bundesliga!«)

»Wir haben den Woelk im Training immer Netzer gerufen, weil er glaubte, er wäre so gut wie **Netzer**. War er aber nicht!«

(Konditionstrainer Erich Klamma)

Torwarttraining mit Reinhard Mager (links) und Werner Scholz, in der Mitte Konditionstrainer Klamma

»Der hat dich **doof** und **duselig** gequakt. Auch die Schiedsrichter. Der war nur am Quaken!«

(Jupp Kaczor über Lothar Woelk)

Wolfram Wuttke von Lautern und unser Bochumer, Lothar Woelk, haben es sich bei einer Dopingprobe mal richtig gutgehen lassen. Sieben Liter Bier, also vierzehn Flaschen, mussten sie den beiden in die Umkleidekabine bringen. Der Aufsicht führende Arzt meinte, nachdem die Spieler endlich genug Wasser lassen konnten, völlig fassungslos: **»Woelk hatte am Ende bestimmt 2,1 Promille im Blut.«**

Bundesliga-Profis haben manchmal auch ihren ganz persönlichen Tick. Lothar Woelk vom VfL Bochum etwa. In seinem Haus in Herten steht das Telefon nicht auf dem Schreibtisch oder hängt an der Wand, nein, der Mittelfeldspieler ließ sich etwas ganz Besonderes einfallen. Telefonate werden stilecht von der Zelle aus geführt. Nur auf den Münzfernsprecher verzichtet Woelk. Wär' ja auch zu umständlich ... Foto: Fritz Linse

Starschnitt

Dariusz Wosz

Geschichten über...

Dariusz Wosz

Der frühere DDR-Spieler (mit Freundin Steffi), seit dem 15. 12. bei Bochum, hat Probleme mit seinem Namen. Bochum druckte Foto und Namen in der Stadionzeitung „express". Leider schreibt der VfL den Namen falsch – und zwar so: „Wosc". Vielleicht hat Klub falsch abgeschrieben. Selbst im vom DFB beglaubig- Vertrag wird er mit „c" geschrieben. Wosz zu SPORT-BILD: werde mit ‚sz' geschrieben und ‚Wosch' gesprochen."

In Bochum wird er die **»Zaubermaus«** genannt. Er ist 26 Jahre jung und aus Halle an der Saale zum VfL gekommen. Dariusz Wosz ist zum Star gereift und unterschreibt einen Vertrag, der sieben (!) Spielzeiten bis ins ferne Jahr 2003 läuft. Der Mann weiß eben, was er aus seinem Leben machen möchte: **»Nach einem Platz in einem Bochumer Altersheim habe ich noch nicht geschaut, dazu hatte ich keine Zeit. Aber aufgeschoben ist nicht aufgehoben. Schließlich will ich noch mit 40 für den VfL spielen und dann anschließend eine Jugendmannschaft übernehmen.«**

Die große Bochumer Schauspielerin **Tana Schanzara** ist ganz von Dariusz Wosz begeistert. Über den kleinen Mittelfeldspieler sagt sie: »Er ist wie ein Tanzbuffo. Eine Besetzung für die Operette. Ein **Tanzbuffo** tanzt, ist klein, lustig und zierlich und spielt mit der Tanzsuprette zusammen ein Pärchen. Wendige Menschen sind das!«

»Weil hier doch sonst nichts mehr ist! Opel weg, Nokia weg – wenn jetzt noch der VfL in der Versenkung verschwindet, können wir gleich auf die Ortsschilder schreiben: **»Bochum – bitte fahren Sie weiter. Hier gibt es eh nichts zu sehen.«** Die Stadt braucht den VfL wie die Luft zum Atmen.«

Das aktuelle Thema

Kommt Darius Wosz doch schon früher zum VfL Bochum?

Ab 15. Dezember 1991 wechselt Dariusz Wosz vom Halleschen FC zum VfL Bochum! So steht's im Vertrag, der vor Monaten nach langem Hick-Hack beim Deutschen Fußball-Bund ausgearbeitet worden war.
Jetzt erscheint es nicht ausgeschlossen, daß der siebenfache frühere DDR-Nationalspieler schon früher zum VfL kommt.
Zum einen möchte Wosz selbst so schnell wie möglich in die Bundesliga, zum anderen haben kürzlich anläßlich des UEFA-Cup-Spiels Halle-Torpedo Moskau Gespräche zwischen der Klub-Führung von Halle und den beiden Bochumer Managern Klaus Hilpert und Thilo Koch stattgefunden. Für Anfang Oktober wurde eine weitere Verhandlungsrunde vereinbart.
Dariusz Wosz, geb. am 8. 6. 1969, gilt als einer der überragenden Spieler der ehemaligen DDR. Klaus Hilpert konnte ihn damals nur mit viel Mühe unter Vertrag nehmen, anschließend versuchte Wosz noch aus dem Vertrag herauszukommen – wohl auch auf Druck seines Klubs, der ihn für bedeutend mehr Geld an andere, größere Klubs hätte verkaufen können! Doch der VfL bekam beim DFB recht.
„Ich freue mich auf meine Bochumer Zeit in der Bundesliga", meinte inzwischen der Kleine, 1,68 m große Mittelfeldspieler, der zum Spielgestalter beim VfL reifen kann. „Ich verfolge das Abschneiden des VfL in der Bundesliga mit allergrößtem Interesse."
Kürzlich war Dariusz in Bochum. Er sah sich das Ruhrstadion an (und war begeistert), er bekam eine neue Wohnung, und er posierte auch schon im VfL-Dreß. Der Wechsel ist perfekt – es dreht sich nur noch um den genauen Zeitpunkt.
Dariusz Wosz spielt seit 1985 für den Halleschen FC. Vorher spielte er bei Empor Halle und Motor Halle. Er ist heute das „Herzstück" von Halle. Klaus Hilpert sah mehrere Spiele von Dariusz Wosz beim jetzigen Zweitligisten. „Um ihn dreht sich alles! Er ist der Spielmacher. Ein wendiger, schneller, technisch hochklassiger Spieler mit viel Übersicht. Ich glaube, an Dariusz Wosz werden wir Bochumer noch viel, viel Spaß haben."
Bald wird neu verhandelt. Klaus Hilpert: „Wir versuchen alles, um ihn schnell zu bekommen. Aber wir bezahlen natürlich keine Unsummen – das können wir uns auch gar nicht erlauben."

Dariusz Wosz im VfL-Trikot! Kürzlich ließ er sich bereits für unseren Verein ablichten. Foto: Branski

express

4 Holger Osieck äußert sich zur Lage	8/9 Bayer Leverkusen hat gute Titelchancen	12 Das aktuelle Interview mit Dirk Eitzert	15/17 Die vielen Leiden des Thomas Epp
22 Manager Klaus Hilpert über die Lage des VfL	25 Das Neueste von der Amateur-Mannschaft	28 Darüber spricht die Bundesliga	30 „Katze" Zumdick nutzte seine Chance

»Ich möchte mich noch mal bei die Leute bedanken, die hinter meinem Rücken gestanden haben.«

»**Niemand** spielt absichtlich schlecht. Wir lassen doch **kein Geld** auf dem Platz liegen.«

(Zur Kritik, die Bochums Ex-Trainer Bernard Dietz an seinen Leistungen übte)

»Auf dem Platz war es totenstill. Denn Schreien kostet Kraft.«

»Er wird von seinen Gegenspielern in absolute **Einzelhaft** genommen.«

(Thomas Stickroth über die Sonderbewachung von Wosz)

Der Hausherr ganz privat. Dariusz Wosz mit Ehefrau Steffi, den Töchtern Nancy (6), Jolanta (4,5 Wochen) und Terrier Benni.

Starschnitt .... Ottokar Wüst

»Freunde sprechen miteinander, nicht übereinander.«

Die **Frau** des Bochumer Präsidenten kommt aus München. Grund genug, jedes Mal vor einem Spiel seines VfL gegen die Bayern die Prämie zu erhöhen. Eine todsichere Angelegenheit. Gewinnt der VfL, ist die Freude so groß, da bezahlt Wüst gerne ein paar Tausender mehr, aber meist geht es ja eh anders aus, und der Präsident sagt schlau: **»Na ja, wenigstens das Geld gespart!«**

Ottokar Wüst mit seiner Frau im Stadion

Knisternde Spannung auf der Tribüne. Die Frauen der Bochumer Elf drücken die Daumen für den Sieg.

(RUNDSCHAU-Bild: Koch)
Im Sonderzug reisten die Spielerfrauen Sonntag morgen nach Ludwigshafen. Von links: Erika Wiesemes, Christa Jablonski, Doris Höher und Ingrid Wüst.

Der VfL Bochum bestreitet ganz neue Wege und fährt mit den Frauen der Spieler vom 1. bis 15. Juli 1978 ins Trainingslager auf Sylt. **»Wer nicht fortschrittlich, nicht modern genug denkt, der kommt nicht weiter«**, verkündet der stolze Präsident Ottokar Wüst. Hinter vorgehaltener Hand gibt er anschließend aber auch noch einen anderen Grund für den Familienausflug preis: **»Westerland ist schon ein heißes Pflaster. Da ist es besser, wenn die Herren unter der Obhut ihrer Damen stehen!«**

Christa Jewers erinnert sich: »Unsere Winterbälle vermisse ich sehr. Die waren immer der Abschluss eines Jahres. Wenn dann unser früherer Präsident Ottokar Wüst am Ende des Abends gesagt hat: **›Ich wünsche Ihnen eine stille Weihnacht. Eine Weihnacht von tiefem inneren Frieden‹**, dann war man selbst irgendwie ruhig und hat alles hinter sich gelassen.«

Als in den Anfangsjahren des Winterballs einmal eine schwedische Sängerin die Gäste mehr durch ihre beeindruckende Oberweite als durch ihre Sangeskünste begeisterte, soll sich direkt nach ihrem Auftritt eine für alle Anwesenden unvergessliche Geschichte ereignet haben. Ottokar Wüst betrat obligatorisch mit einem riesigen Blumenstrauß bewaffnet die Bühne und drückte ihn der überrumpelten Schwedin in die Hände. Der Strauß war so überdimensional groß, dass sie ihn kaum halten konnte. Wüst hatte sie wehrlos gemacht und tippte der Sängerin dann mit den Zeigefingern auf den wogenden Busen und strahlte unter dem Beifall des Publikums ins Mikro:

»Das sind die beiden Punkte, die ich am liebsten habe.«

Starschnitt

Wolfram Wuttke

Wolfram Wuttke, der in den letzten Jahren ein bisschen untergetaucht ist, beantwortete einmal die beliebte Frage nach dem »Was macht eigentlich …?« am Telefon kurz und bündig mit: **»Weißkrautsalat.«**

Endlich schießt **Wolfram Wuttke** wieder Tore. Mittlerweile für den 1. FC Kaiserslautern. Und schon lüftet er ein körperliches Geheimnis: **»Mein rechter Fuß ist leicht nach innen gedreht. Der liebe Gott hat mir diese Füße in die Wiege gelegt, mit ihnen bringe ich die Bälle zum Flattern, und so wird jeder Schuss für den Torwart schwieriger. Normalerweise muss bei dieser Spielweise der Meniskus rausfliegen und die Bänder Schaden erleiden.«** Gott sei Dank kann ihn der Arzt bei der Nationalmannschaft, Professor Heß, von dem letzten Irrglauben befreien: **»Egal, auf welch eigenartige Weise Wuttke den Ball ins Tor schießt, kaputtgehen kann da nichts.«**

»Ich bin doch kein Bewährungshelfer«, sagte einst der Trainer Peter Neururer, als er hörte, dass Betreuer Charly Neumann gerne Wolfram Wuttke verpflichten wolle.

Wuttke war dümmer als die Post erlaubt

Seoul – Wolfram Wuttke kaufte 30 bunte Ansichtskarten, ließ alle Kollegen unterschreiben und klebte auf jede Karte eine Briefmarke. Als Frank Mill Post in den Briefkasten warf, schmiß Wutti seine 30 Karten hinterher. Und ärgerte sich: „Mann, bin ich doof. Ich hab' ja gar keine Adressen draufgeschrieben."

»Ich kann doch nicht vor jedem Spiel einen **Rhetorik-Kurs** besuchen.«

»Immer, wenn ich breit bin, werde ich spitz.«

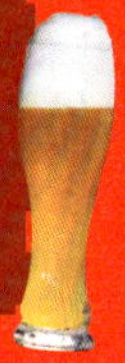

»Das Schlimme für mich sind nicht die Spiele, sondern die **Zeit**, die ich inzwischen brauche, um mich von diesen Spielen zu erholen.«

»Ein Stürmer ohne Fantasie **ist wie ein Tier ohne Instinkt**.«

»Es kommt wieder die Zeit, da kriegen meine Kritiker keinen Tropfen Tinte mehr in ihren Füller.«

Starschnitt .... Wolfram Wuttke

»Das verdammte Fußballeben des Wolfram Wuttke.« So der Name des Buchs, das Wuttke selbst schreiben wollte.

»Ich muss erst abwarten, wie er drauf ist. Vielleicht hat er sich eine **Gehirnzerrung** zugezogen.«
(Peter Neururer über Wolfram Wuttke)

»Der Wuttke ist heute **Genie** und morgen **Wurschtl**.«
(Ernst Happel)

»Das **Positivste** an dem Spiel war, dass ich hier viele alte Bekannte getroffen habe. Leider aber nicht den Ball.«

»Ich rauche gelegentlich 'ne Zigarette. So nach dem Spiel kann das nicht schaden, das mindert die Leistung überhaupt nicht. Man muss ja nicht gleich hundert Stück paffen.«

»Ich bin ganz zufrieden mit meiner Figur, auch wenn manchmal ein Pfund zu viel drauf ist. Das macht mir nichts aus. Im Gegenteil, das stabilisiert …«

»Das liegt meistens an den **Fotografen**, die machen immer so grimmige Fotos von mir.«

(Auf die Frage, warum er immer so ernst gucke)

»Wolfram Wahnsinn«

(Der »Kicker« über Wolfram Wuttke)

»Ob ich spiele, wissen allein **Beckenbauer** und der liebe Gott – mit beiden habe ich heute noch nicht gesprochen.«

Wuttke redet sich **um Kopf und Kragen**. Im Radio erzählt er freimütig, dass er extra seinen Sohn Benjamin mit zu einer Mannschaftssitzung genommen habe, um ihm einmal hautnah zu vermitteln, »mit was für dummen Menschen ich es hier zu tun habe«. Natürlich sind seine Teamkollegen von diesem Spruch nicht sonderlich begeistert und stellen ihn zur Rede. Wuttke beteuert sofort eifrig, dass er mit »dummen Menschen« natürlich nur den wenig beliebten Trainer Sepp Stabel gemeint habe. Doch nur wenige Wochen später geht ein erneuter Besuch seines Sohns auf dem FCK-Gelände nach hinten los. Als die Spieler nach dem Training in die Kabinen trotten, treffen sie auf den wenig erfreuten Benjamin Wuttke, der die überraschten Profis lauthals anblafft: **»Was wollt ihr Arschlöcher denn hier?«**

Wolfram Wuttke beim Angeln mit seinem Sohn Benjamin (1990)

Starschnitt Tim Wiese

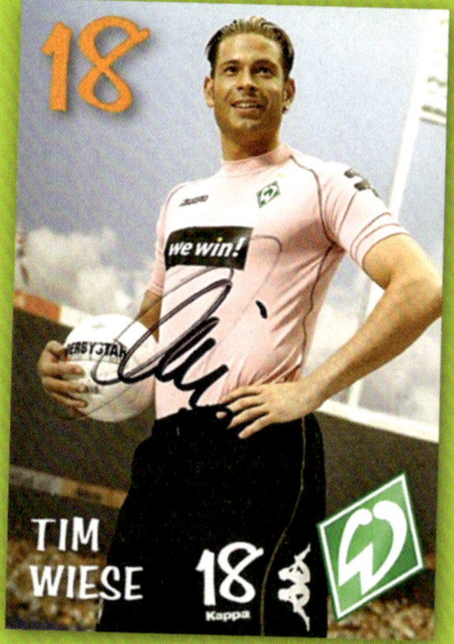

»Er ist ein Torwart und er sieht gut aus – Tim, Tim, Tim, Tim, Tim, Tim, Tim!«

(Song der Werder-Fans mit der Melodie des alten Kraftwerk-Hits »Das Modell«)

»Ich hab doch ein schönes Leben – im Gegensatz zu euch.«

(Während seiner Zeit bei der TSG Hoffenheim zu Journalisten, als er längst aussortiert war)

»Tim Wiese bleibt aussortiert. Er wird sich trotzdem nicht vorkommen wie der dicke Junge auf dem Schulhof. Der durfte wenigstens mitspielen.«

(Peter Müller zu Wieses Situation bei der TSG Hoffenheim)

»Gibt es in Hoffenheim eigentlich Sunpoint?«

(Hans Sarpei zur Verpflichtung von Wiese)

»SVW – Schön Verdaddelt Wiese«

(Plakat von HSV-Fans)

»Ein in Fitnessstudios grotesk aufgeblasener und solariumverbrannter Vollprolet, der hin und wieder gut hält und sich ansonsten darauf konzentriert, seinen Gegenspielern die Knochen zu polieren.«

(»Frankfurter Rundschau« über Tim Wiese)

Y

Starschnitt

Anthony Yeboah

»Anthony hat innerhalb der Woche auch andere Termine, wo er längere Zeit sitzt.«

(Frank Pagelsdorf auf die Frage, warum Torjäger Yeboah nur auf der Bank saß, in Anspielung auf dessen Gerichtsverhandlung)

»Yeboah blieb heute sehr blass.«

(Henry Vogt)

»Da hilft nur:
Bein aufsägen und Jahresringe zählen.«

(Otto Pfister, deutscher Trainer in Afrika, über das Alter von Anthony Yeboah)

»Blöd an meinem Job:
Ich muss arbeiten, wenn auf NDR 2 Fußball läuft.«

Nürnberg unterliegt zu Hause gegen Eintracht Frankfurt mit 1:5. Zwei Tore steuert Anthony Yeboah bei, der in der Form seines Lebens ist. Der Nürnberger André Golke verneigt sich vor dem Frankfurter:

»Normal darf so einer nicht spielen – das ist WETTBEWERBSVERZERRUNG!«

»Soll ich etwa ein **Lagerfeuer** im **Wohnzimmer** machen?«

(Auf die Feststellung des »Kicker«, er wohne »wie ein deutscher Musterbürger«)

Z

Starschnitt

Branko Zebec

»Der **Zebec trinkt aus dem Glas** und der **Happel gleich aus der Flasche.**«

(Max Merkel)

Bereits am ersten Spieltag der Saison 1980/81 kommt es zum Streit zwischen dem ZDF und dem Hamburger SV. Im »Sportstudio« hat man einen Satz von Zebec verkürzt zitiert. Dadurch bekommt die Aussage des Trainers deutlich Schlagseite. Nach dem 0:0 zu Hause gegen den MSV Duisburg hat Zebec gesagt: »Das Spiel hatte zwei Teile: eine erste Spielhälfte und eine zweite Spielhälfte!« Wahrhaft ein Satz von brachialer Durchschlagskraft – und das Zeugnis für einen geistig Verwirrten. Wenn man denn den Nachsatz (»45 Minuten gelang uns gar nichts, in der zweiten Halbzeit war wenigstens Kampfgeist zu sehen«) weglässt und dazu den Kommentar spricht: »Eine mazedonische Weisheit aus der Chronik des fortlaufenden Schwachsinns«, so Moderator Hanns Joachim Friedrichs!

20. August 1979: Trainer Zebec, Manager Netzer und Uwe Seeler

»Verloren, macht nichts. Nächstes Spiel gewinnen!«
*(Beim **Halbzeitstand** von 0:2)*

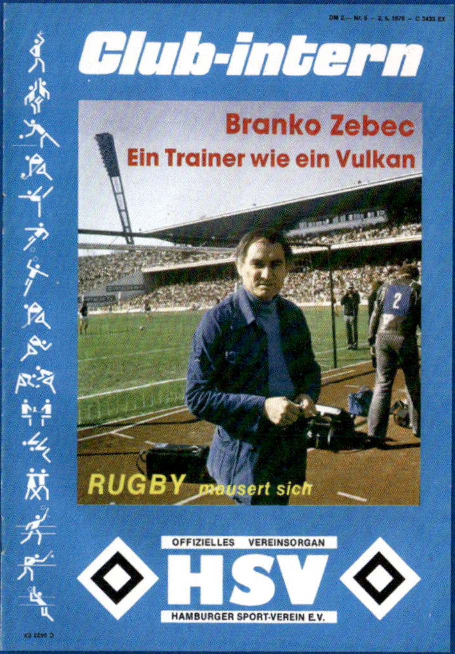

In der »Bild«-Serie »So viele Siege – und alles verspielt« zum Saisonstart spricht der HSV-Trainer Tacheles. Zebec: **»Ja, Herr Kaltz, ich bin schuld, dass Sie gute Verträge bekommen haben. Danke. Du hast jetzt vier Jahre ausgesorgt. Du bist der bestbezahlte Fußballspieler Deutschlands geworden. 600.000 Mark pro Saison. Erinnerst du dich, wie ich dich nach Argentinien übernommen habe? Hast du damals überhaupt noch laufen können? Du warst ein ausgebrannter Beckenbauer-Verschnitt. Heute schreiben die Zeitungen vom Weltklassespieler Kaltz. Wer hat dir die Kraft und das Selbstvertrauen zum modernen rechten Verteidiger wiedergegeben?«** Das Verhältnis, nicht nur zu Kaltz, ist danach endgültig zerrüttet.

Starschnitt
Michael Zorc

»Zorc hat bereits angekündigt, dass ich vorher verkauft werde.«

(Lars Ricken, der bereits im zehnten Jahr für Borussia Dortmund spielt, auf die Frage, ob er den 20-Jahre-Rekord von BVB-Sportdirektor Michael Zorc brechen wolle)

»Wir können nicht erwarten, dass er jeden Tag Eisbein mit Sauerkraut isst, nur weil er in Deutschland ist.«

(Michael Zorc über die Disziplin von Amoroso)

»Das Spiel einer Mannschaft entspricht ihrem Charakter. Dortmund heißt Kampf!«

(Michael Zorc, noch als Kapitän im Jahr 1993)

»Ich finde, der Sieg war auch in dieser Höhe verdient.«

(Nach einem 2:0 im Elfmeterschießen beim FC Bayern im DFB-Pokal-Halbfinale)

»Ich habe in Dortmund schon **DALLAS** erlebt, dagegen war die Sache **Lindenstraße**.«

(Zu einer Aussprache zwischen Trainer Köppel und der Mannschaft)

»Man kann unsere **Fehler nicht** einmal mehr **amateurhaft nennen**. Denn das wäre eine **Beleidigung für jeden Amateur-Kicker.**«

Rolf Rüssmann mag die langen Haare seines jungen Mitspielers Michael Zorc sehr gerne. Und das sagt er ihm auch: »Du siehst ja aus wie ein Mädchen. **Wie so 'ne Susi!**«

»Aus der Mannschaft kann ich niemanden fragen. Die meisten sind so jung, dass sie keinen Bartwuchs haben.«

(Auf der Suche nach Rasierschaum vor einem Fototermin)

»Es gibt kein offizielles Angebot, weder von Real und auch nicht von Rewe.«

(Zum angeblichen Interesse von Real Madrid an einer Verpflichtung von Lukas Pisczek)

Starschnitt
Christian Ziege

»Ja hallo, hier spricht Carl Lewis.«

(Damals Hertha Zehlendorf, als Uli Hoeneß anrief)

»Ich bin der linke, mittlere, defensive Offensivspieler.«

»Ich werde nicht akzeptieren, dass gesagt wird: **›Die Mannschaft ist ein Scheißhaufen.‹** So einfach ist es nicht. **Logisch sind wir ein Scheißhaufen. Aber das ist nicht der einzige Punkt.**«

»Jetzt sieht er aus wie ein frisch lackierter Totalschaden!«

(Mario Basler über den frisch geschorenen Glatzkopf Christian Zieges)

»Über Ziege gibt's nichts zu meckern.«

(Uli Hoeneß)

»Spielt's über links. Da ist der Ziege, **der kann nix!**«

(Franz Beckenbauer vor einem Spiel des VfL Bochum in der Kabine der Blau-Weißen. Der Kaiser hatte dort seinen ehemaligen Assistenten Holger Osieck besucht.)

HSV
HSV

Ben Redelings

1975 in Bochum geboren, ist Autor und Filmemacher. Als Kolumnist schreibt er wöchentlich für die Seiten von ntv.de. Die »Deutsche Akademie für Fußballkultur« nennt ihn »den ungekrönten Meister im Aufspüren kurioser Fußballgeschichten«. Seine Fußballabende erfreuen sich seit vielen Jahren deutschlandweit großer Beliebtheit. Im Verlag Die Werkstatt hat er u.a. den Bestseller »55 Jahre Bundesliga. Das Jubiläumsalbum« veröffentlicht. Ben Redelings lebt mit seiner Familie in Bochum.

Auch LIVE immer ein Genuss!
Besuchen Sie eine der beliebten Shows von Ben Redelings.
Alle Termine unter **www.scudetto.de**

»Ben Redelings beweist: Kult und Comedy gehören zum Fußball wie die Abseitsfalle und der Handelfmeter.«
(WAZ)

Bestseller von Ben Redelings

Tausche Schwester gegen Endspielkarte
Das ultimative Buch der Fußball-Wahrheiten – Band 2
384 S., Paperback, mit Zeichnungen von TOM
ISBN 978-3-89533-843-4
€ 9,95

»Eine Sammlung unwiderstehlicher Stilblüten.« (Spiegel Online)

Ein Tor würde dem Spiel gut tun
Das ultimative Buch der Fußball-Wahrheiten
384 S., Paperback, mit Zeichnungen von TOM
ISBN 978-3-89533-515-0
€ 9,95

»Riesenvergnügen.«
(Stuttgarter Zeitung)

Halbzeitpause
Die Fußball-Klolektüre
384 S., Paperback
ISBN 978-3-89533-745-1
€ 9,95

»Eine herrliche Schatzkammer.«
(Reviersport)

55 Jahre Bundesliga
Das Jubiläumsalbum. Unvergessliche Bilder, Fankten, Anekdoten
416 Seiten, Hardcover, viele Fotos
ISBN 978-3-7307-0326-7
€ 19,90

»Auch in seinem neuesten Werk zum 55-jährigen Jubiläum der Bundesliga trifft Ben Redelings ins Schwarze. Mit tollen Fotos, lustigen Anekdoten, kruden Statistiken und vor allem ganz viel Liebe für die Geschichte der Bundesliga.« (11Freunde)

Bundesliga-Alben…

Je 160 Seiten, Paperback

9,99 €

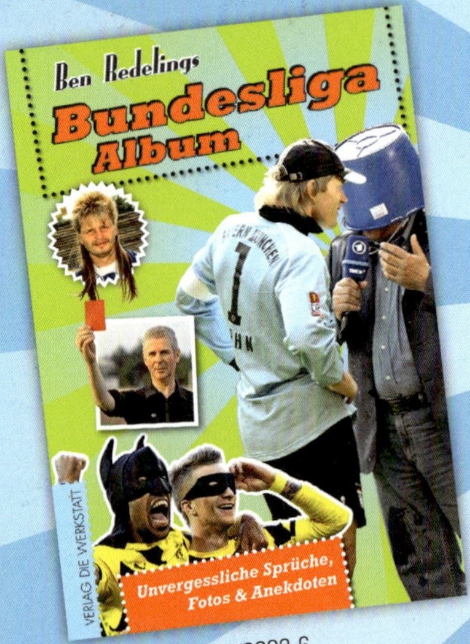

ISBN 978-3-7307-0282-6

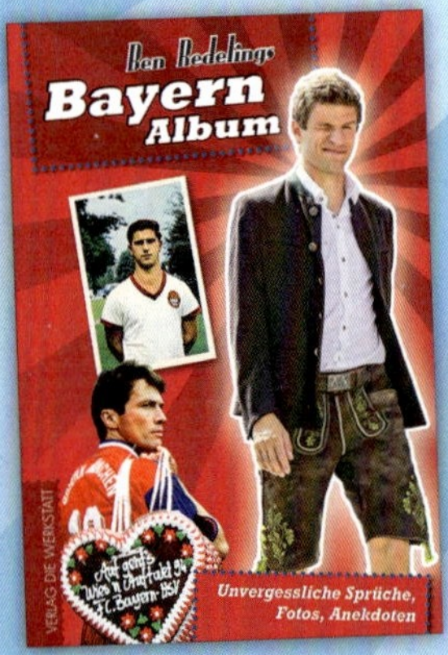

ISBN 978-3-7307-0110-2

ISBN 978-3-7307-0111-9

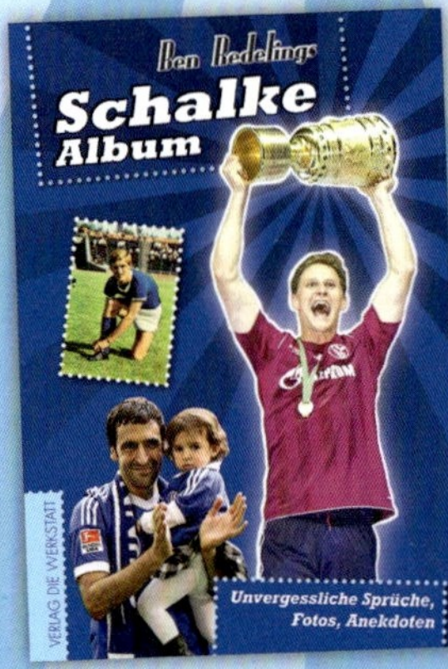

ISBN 978-3-7307-0108-9

»Ben Redelings ist der Chronist des Fußball-Wahnsinns, der ›Baby Schimmerlos‹ der bunten Kickerwelt. Er kennt sie alle, die Geschichten der Genies und der Malocher, der Durchgeknallten und der Gernegroßen. Das ist alles so passiert. Vielleicht haben sie nur vergessen, ihm Schweigegeld zu zahlen.«

WDR-Moderator Manni Breuckmann über Ben Redelings

www.werkstatt-verlag.de | facebook.com/verlagdiewerkstatt